施琅攻台的功與過

讓傳統文化立足世界舞台

——「協和台灣叢刊」發行人序

林勤仲

這是一種相當難得且奇特的經驗，四十歲之前，許多人常會問我的，總是一些生理與醫療方面的問題；四十歲之後，我最常思考的卻是文化方面的問題。

如此南轅北轍的改變，最主要的原因，應該是來自我的經驗法則：跟每一位成長在戰後的一代相彷，自童年長至青年，無論是家庭、學校或者是整個社會給我的壓力，只是讀書、考試，考試、讀書；而我一直也沒讓人失望，唸完醫學院後，順利負笈英國，接着又在日本拿到博士學位，先後在美國及台灣擔任過許多人欽羨的婦產科醫生，也正因此，讓我有太多機會在世界各地認識不同的友人。然而，這樣的機會卻總讓我感到自卑，這自卑並非來自專業知識，而是每每交換及不同的文化經驗時，少數識得台灣的友人，也僅知道這個海島擁有七百億的外滙存底而已。

這個殘酷的事實，逼着我不得不慎重的思考：什麼樣的文化，才足以代表台灣？

●

一九八三年間，我結束了在美的醫療工作，回台全力投注於協和婦女醫院的經管，由於業務的需要，常有機會到日本去，有一次在橫濱的一家古董店裡，發現了十幾尊傳統布袋戲偶，讓我突然勾起兒時在台南勝利戲院，坐在長排椅的椅背上看內台布袋戲的情景；不久後，在大阪天理大學附設的博物館，看到那尊清乾隆年間的戲神田都元帥以及古色古香的「六角棚」戲台，還有那些皮影、傀儡、木彫、銀器、刺繡與原住民族的工藝品，讓我產生極大的感動，忍不住當場流下眼淚。

我的感動來自於那些代表先民智慧與工藝水平的器物之美；忍不住掉下的眼淚，則是因爲這些製作精巧，具有歷史意義又代表傳統文化精華的東西，在這外邦受到最愼重的收藏與保護，但在當時的台灣，除了某些唯利是圖的古董商外，根本乏人理會！

除了感動，同時也讓我感受到日本文化侵略的危機，這種危機感也許可溯自大學三年級的暑假，我參加基督教醫療協會，到信義、仁愛、望洋等山地部落，從事公共衞生的醫療服務時，便深刻體會到日治時期對台灣山地的積極教育，讓日本文化、語言以及民族性都紮下不錯的根基，其深厚的程度甚至令人驚駭，只是當時的情況，個人並無力改變什麼。及至一九八○年前後，我結束學業，回到台灣後，第一件事便是找到彰化教育學院的郭惠二教授，試圖回到山地，經管一個模範村的計劃，結果模範村計劃因故流產，而那次再回山地，讓我不敢置信的是，由於電視進入山區，使得原住民族的文化幾近完全流失，少數保存下來的，卻是日治時期的文化遺產。

這是多麼可怕的文化侵略啊！難道連日本人走了，都還能予取予求地用區區的金錢，換取我們最珍貴的傳統文化？

如此揉合着感動、迷惑又驚駭的心情，讓我在東京坐立難安，隔天，便毫不考慮地到橫濱那家古董店買回店中所有的布袋戲偶，同時又透過種種關係，買回「哈哈笑」劇團最早那個被台灣古董商騙賣到日本的戲棚。

那絕不只是一時的衝動而已，我很清楚地告訴自己，只要在我的能力範圍之內，將盡可能地尋回這些流落在外的文化財產；這些年來，雖沒有明確的收藏計劃，但只要是有價值的東西，我都不肯放棄，至今，也才稍可談得上規模。

嚴格說來，我是個典型受西式教育的人，加上長年在國外的關係，讓我對藝術或者文化，都懷有較深且闊的世界觀。

最早我在英國唸書的時候，便跑遍了歐洲重要的美術館，後來每次出國，只要有機會，決不會錯過任何一個可觀賞的現代藝術館。

除了參觀與欣賞，我也嚐試着收藏一些美術的東西，收藏的目的，除因個人的喜好，當然也因爲美好的藝術品也是不分國界的！

也許有人會認爲，在這傳統與現代之間，必然有無法調和的衝突之處，我又如何面對呢？其實，我從不認爲這兩者之間會有相互矛盾或衝突之處，任何一種藝術品都有其共通之美，而其中蘊含的不同文化特色，正足代表那個民族的特殊之處，傳統的彩繪與現代美術作品，正是兩類截然不同的作品，正因其不同，我們才能在彩繪中，體認先民的精神與生活狀態，它的價值，除了美之外，更在於它所蘊含的特殊文化表徵。

當然，時代的快速進步之下，傳統的美術、工藝與文化，面臨了難以持續的大難題，導致這個問題的因素頗多，例如政府政策的不當教育的偏頗以及社會的畸型發展，讓戰後的台灣人擁有最好的知識教育，卻完全缺乏生活教育，終造成今天這個以金錢論成敗，從不考慮精神生活的社會型態。

過去，也有許多的專家學者，對這個病態的社會提出不少頗有見地的意見，但我一直認爲，任何一個正常的社會，必要擁有正常的文化。台灣光復以來，政府當局全力追求經濟建設的成長，卻不顧文化水平一直在原地踏步，直到近幾年，有關單位似乎也較積極地從事文化建設；只是，當中共的廣東省政府，花了兩億美元整修一座五落大厝，成爲一座古色古香的廣東地方博物館時，台灣的左營舊城門才剛剛被毀，半毀的廲豆林家也被拆遷，這樣的文化建設又怎能談得上什麼成績呢？

在這種種難題與僵局之下，要重振傳統文化，重新獲得現代人的肯定，甚至立足在世界的舞台上，就不能光靠政府的政策與態度，而是我們每個人都有責任付出關心與努力，用現代化的方法與現代人的觀點，提昇傳統文化的品質，再締造本土文化的光輝。

●從開始收藏第一尊布袋戲偶起，彷彿便註定我將走上這條寂寞卻不會後悔的文化之路。

過去那麼多年前，只是默默地收藏一些珍貴的文化財產，我當然知道，光如此是不夠的，但直到今天，時機稍稍成熟，才敢進行下一步的計劃。

這個計劃，大概可分爲三個部份，一是成立出版社，二爲創立協和藝術文化基金會，三則創設傳統戲曲文物館。

臺原出版社成立的目的有二；一是專業台灣風土叢刊的出版，這是一套持續性的計劃，計劃每年分三季出書，每季同時出版五種台灣風土文化的叢書，類別包括：民俗、戲曲、音樂、歷史、工藝、文物、雜俎、原住民族等大類，每本書都將採最精美的設計與印刷，用最通俗的筆法，喚醒正在迷茫與游離中的朋友，讓更多的朋友重新認識本土文化的可貴與迷人之處。我深信，只要持之以恆，所有努力的成績不僅將獲得關愛本土人士的肯定，更將贏得國際間的重視；二爲出版基金會的專刊，協和藝術文化基金會成立之後，將有計劃地整理台灣的傳統藝術之美，諸如戲曲之美、偶戲造型以至於建築、彩繪之美……等等。

至於基金會與博物館的創立，則是我最大的目標，這兩個計劃其實是一體的，博物館只是基金會的附屬單位，主要的功用在於展示基金會所收藏的文物與美術品；至於基金會本身，除了推廣與發展本土文化，定期舉辦各種研習營與表演、演講，更將策劃舉辦各種世界性的文物交流展，目的除了讓國人有機會打開更廣闊的視野外，更重要的是讓本土文化立足在世界的舞台上。

讓本土文化立足在世界的舞台上，不僅是協和藝術文化基金會與出版社努力的目標，更是每個關愛本土文化人士最大的期望，不是嗎？畢竟唯有如此，才能重拾我們失落已久的自尊！

實事求是的施琅研究

——《施琅攻台的功與過》序

程光裕

自從太史公作史記，以本紀、列傳爲主要部分，而本紀列傳是以記載人事爲主以後，歷代正史皆踵其例，而正史就是以人爲主的歷史。中國古諺，「時勢造英雄」、「英雄造時勢」，梁任公以爲歷史上的人物，有應時人物，乃時勢所造的英雄，先時人物，乃造時勢的英雄。一個人物其生平言論行事皆影響於全社會，一舉一動，一筆一舌，而全國之人皆注目，甚至全世界之人皆注目。(《飲冰室文集》〈南海康先生傳〉)。

施琅是明末清初的一個特殊人物，由於他反叛明朝，爲清朝立功，他率軍瓦解明鄭，台灣乃進入清領時期，正式隸屬清帝國版圖，在台灣開發史上，有其關鍵性。《清史》二百六十一卷〈施琅傳〉，記載了他的生平事蹟，本書作者認爲施琅與鄭成功的衝突與姚啓聖的恩怨、澎湖戰役、力爭保台對台灣開發的影響諸端是施琅一生的關鍵史事，值得深究，從而了解他在歷史演進中的地位。

本書作者多方蒐集資料，實行查訪，據以作客觀的論斷，所得結論多有可取。他對施琅評價本持「不因其過而掩其功」「亦不以其功飾其失」態度說：「觀琅一生波瀾起伏，倨傲之失，叛明之過，攘功之非，保台之功，集於一身」列舉台人立祠廟崇功報德，又引述郭廷以《台灣史事概說》中的一段話，「就民族革命的觀點來論，施琅應是一個罪人，從國家統一的觀點來論，則爲一位功臣，而其力爭台灣之斷不可棄，則於民族國家均有功。否則……漢人流血流汗所經營開發的台灣，勢將與祖國分離。十七世紀晚期以後，正值歐洲國家積極在東方掠奪領土之時，台灣又爲荷蘭、西班牙、英國舊遊之地，她們決不會輕易放過，台灣的地位將不堪想像！」可見本書作者熱愛民族，效忠祖國的情懷。

梁任公說有志於史學的學者「務持鑑空衡平之態度，極忠實以蒐集史料，極忠實以敍論之，使恰如其未來。」又說：「裁抑其主觀而忠實於客觀，以史爲目的而不以爲手段，夫然後有信史，有信史，然後有良史。」（《中國歷史研究法》史之改造）本書作者對施琅研究已盡了一個史學者的職責，已完成了一樁求實求眞的學術工作。

中華民國七十八年十月二十五日台灣光復節

績溪程光裕於陽明山寓邸

第一手資料看施琅

——我看《施琅攻台的功與過》

曾西碩

鄭成功和施琅在台灣史事，採用文化層分期的台南期、鹿港期，都是開創新局的首要人物。他們初「有魚水之歡，中間微嫌，釀成大戾。」「前為讎敵，情猶臣主」。施琅克台，祭告鄭成功，痛哭流淚。民族英雄歸天已久，復仇人情懷也變淡了！

清兵入閩，隆武帝遇難汀州，鄭芝龍令成功同時歸順，成功以「從來父教子以忠，未聞教子以貳」拒命，母翁氏「拔劍割肚」，節烈自盡。成功乃赴父廟哭焚，儒巾藍衫。四拜先師，仰天曰：「昔為孺子，今為孤臣，向背去留，各有作用。」遂起義師。隆武元年到永曆十四年，成功經略閩粵江浙沿海各省，聯合西南地區明軍，致力恢復大陸，十三年六月十六日成功克瓜州，收鎮江，南京外圍各州縣，相繼歸附，七月初九日大軍進至金陵，予以大包圍，發書招諭。「欲待援虜齊集」，「邀而殺之」七月二十二日清軍突出猛襲，翌日各路潰敗，大將甘輝、萬禮、林勝、陳魁等均戰歿，精銳喪失不少，「十年之功，隳於一旦」。

永曆十五年，成功親領官兵二萬五千人，船隻四百，進軍澎湖、台灣，驅逐荷人，收回故土，稱曰東都明京，設承天府，置天興、萬年縣，寓兵於農，開國立家，以為根本之地，越年，接連遭受國事家事重大刺激，終至悲忿恚恨而逝。清季，疆吏特贊其開創意義，沈葆楨聯曰：「開萬古得來曾有之奇」，唐景崧聯曰：「開闢千秋新世界」。施琅的克台保台，無傷驅荷功績。

施琅出生在破落戶，少時力大，勤習武技，

先是應徵募兵，轉入族父施福部隊，作戰立功，升到副總兵，廿五歲便以僉都督任左衝鋒。一度隨從黃道周，又轉依芝龍，芝龍降清，携弟投靠成功。

成功起義抗清，治軍嚴峻，而琅自求功利，恃功驕縱，兩人的理想和目標歧異，乃爲曾德事件，成功拘捕琅及其家屬，琅潛逃，成功殺其父弟及守者，琅投清以後，曾率兵東指，阻風而返，內調北京，閒散潦倒十餘年。

永曆三十五年，東寧政局不安，福建督撫看是東進好時機，姚啓聖保題琅，康熙徵詢李光地意見，復授琅爲福建水師提督。在商酌進取澎湖、台灣的過程中，施姚却起爭執。

啓聖自負才兼文武，積極實施對東寧進取計劃，屢行利誘、分化、購買間諜、從事擾亂。而琅再三上疏，請給專征責任，獲准，督撫只管後勤補給，催趲糧餉。琅與鄭國軒在澎湖會戰，冒風險停泊北風港，乘南風而得時，主動以衆擊寡取勝，國軒敗回東寧，人心崩潰，導致明鄭投降。清廷授琅靖海將軍，封靖海侯，世襲罔替，啓聖遂因功不及己，於是年底抱鬱以終。

台灣要放棄，或應留守，康熙命諸臣開會議處，琅眼見台灣土地肥饒，山川險阻，認定是海外雄鎭，「棄之必釀大禍，留之誠永固邊圉。」或留或棄，談論八個月，方才決定。康熙二十三年四月，台灣設台灣府納入福建省，府設台灣、鳳山、諸羅三縣。琅續陳台灣善後、降卒還籍安插、減租賦、善用投降人員等諸疏的建議，甚影響清廷治台政策。而清廷也給琅三千多甲以上的田地，永爲世業。

周雪玉女士在中國文化大學史學研究所碩士班修讀時，甚用心於史料學、史學方法的探研，是她有意評價施琅的寫作初基。我說：點讀百種明清有關台灣史志以後，再來談草擬研究綱目吧！雪玉志定於一，下起工夫來直把書當飯，果然，盡讀台灣局限的有關參考書。她對施琅探討，選擇議論較多和其貢獻所在的幾個關鍵事件：施鄭衝突、施姚恩怨、澎湖之役、琅與東寧善後，其撰述是先就史料加以辨證，而後歸納、分析、比較、綜合等方法，結構節目。依據史料的顯示，尋求客觀合理的解釋說明，力求平實公允。雪玉「觀琅一生波瀾起伏，倨傲之失、叛明之過，攘功之非，保台之功，集於一身。」同意於郭廷以教授的論評：「就民族革命的觀點來論，施琅應是一個罪人，從國家統一的觀點來論，則為一位功臣。」雖然，本書仍富務實驗證的意義。

日前，雪玉告訴我，《施琅攻台的功與過》即將出版，請作白話文的序，寫到這裡，自然想起廈門大學台灣研究所長陳孔立歷史學教授，他讀校過第一歷史檔案館藏漢文《起居注》，光緒年間刊行李光地《榕村語錄》及續集等史料，故能對《清史稿》及《國朝先正事略》，記平台賞不及姚啓聖一事，給予辯正，陳教授指明康熙不值姚啓聖的作為，才是賞不及的主因，康熙二十二年九月九日康熙說：「朕觀姚啓聖近來行事頗多虛妄」。十月十一日康熙下令：「姚啓聖前有議敍之旨，應停止。」發掘第一手資料，方有新見解，可供參考。

民國七十八年九月九日

施琅攻台的功與過

周雪玉／著

1／緒論

第一節　施琅與台灣史

台灣開發較遲，回顧近數百年來的歷史，有幾個重要轉捩點，例如：鄭成功的驅荷復台、施琅的平台、日本的入據、八年抗日的光復……等等。施琅爲其中一關鍵性人物，他結束明鄭對台之經營，開啓有清一代對台灣之開發，使台灣與大陸發生了密不可分的關係，影響至深且鉅，可知施琅此人於台灣史之重要性，關心台灣史的朋友，不能不認識施琅。

筆者從學於史，諸家立論是非不一，然明鄭叛將、清之平台功臣─施琅，究竟該受何等評價，才算公允？一直都是許多人關心的題目，因此筆者提出了許多文獻，做爲正反兩面評價的參考。

由於個人的能力所及，暫以施琅一生爲主題，其後代在台種種，容日後再行探討。施琅是一位武將，故對其探究，重在事蹟。

此外，筆者須先說明幾點：

一、施琅原名「郎」，降清之後，易名「琅」，有些史籍則記爲「烺」（註一）。爲求明晰，其降清前概稱「郎」，降後一律稱「琅」，而通論敘述，亦稱以「琅」。

二、鄭成功入台之後，稱台灣爲「東都」，鄭經時，易名「東寧」，清領時期，則爲福建省的「台灣府」（註二）。明末清初，台灣一地而有三名，爲符史實，本文概按歷史名稱稱之，即以時間爲據，給予應有之稱呼。

三、本文所用年號，均以清曆爲主，另註明曆於下，並加註西元年代。此爲求行文之方便清晰，非筆者立場所趨也，特加說明。

●施琅究竟該受何等評價，才算公允？

第二節　施琅問題的關鍵

琅生於明天啓元年（西元一六二一）二月十五日酉時，卒於清康熙三十五年（一六九六）三月二十一日辰時（註三），享年七十六歲，一生當中，有幾件關鍵性的事件：

一、**施鄭衝突**：史家有認爲係鄭成功「英年得志，局量未弘」（註四），處置失當，逼得施琅降清，甚至日後帶兵平台，斷了明廷僅存的根據地。有以爲施琅「恃才倨傲，跋扈無狀」，鄭延平爲維持綱紀，方下令逮捕，錯在琅，而不在成功（註五），然事實眞相究竟如何？

二、**施姚恩怨**：就表象論，平台之功當然是率軍進克澎湖，促使鄭克塽投降，而又被清廷封爲靖海侯的施琅；然卻有人爲福建總督姚啓聖叫屈，認爲若非啓聖苦心籌劃，利誘鄭氏將領，利用心戰、間諜戰等方法來分化、擾亂鄭氏軍心，且屢次保薦施琅，琅豈有平台之舉（註六）？那麼，平台之功究應屬誰？

三、**澎湖之役**：此爲琅一生事業的頂峰。琅克澎後，東寧即告投降，明鄭結束，琅得到清廷三等侯之封（註七）。從此，台灣清領乃告開始。琅如何贏得這場戰爭？鄭將劉國軒又如何會敗北？有無殷鑑之處？

四、**琅力爭保台**：明鄭降後，清廷居然有人主張放棄台灣，幸賴琅上疏力爭，方獲劃入清帝國版圖，而隸屬福建省。台島形勢、地位何其重要，清初居然有人主張墟其地，何以故？琅上疏，對清廷開發台灣有何影響？其程度又如何？

我們希望針對上述問題作爲探討的重點，採歸納、分析、比較、綜合等方法，可以給這個

●澎湖馬公鎮的「施公祠」，是台地唯一供奉施琅的廟。

歷史事件較客觀合理的解釋。

附註

註一：杜臻《澎湖台灣紀略》、台灣銀行經濟研究室編印台灣文獻叢刊（以下簡稱「文叢本」）一〇四種，頁八至十六作「烺」。李瑤《南疆繹史》、文叢本一三二種〈摭遺〉卷十、頁五六一及五六三作「烺」。劉獻廷《廣陽雜記》、百部叢書集成之六九、順功堂叢書第三函卷三、頁五九上、六一上亦作「烺」。全祖望《結埼亭集》明清史料彙編五集、卷十五亦作「烺」。

註二：高拱乾《台灣府志》文叢本六五種、卷一〈封域志〉、沿革條及建置條。

註三：施學吉、施暫渡編《臨濮堂施氏族譜》雜錄類〈萬安公貳房長五世孫敦古公支派〉。

註四：朱希祖〈延平王戶官楊英從征實錄序〉、《台南文化》五卷四期。

註五：黃典權〈鄭成功擒治施郎事件種因考〉、《台南文化》六卷二期。

註六：全祖望《鮚埼亭集》、卷十五「太子少保兵部尚書兼都察院右都御史總督福建世襲輕車都尉會稽姚公神道第二碑銘」。

註七：趙爾巽《清史稿》、《清代史料彙編》卷一七五、表九、諸臣封爵世表二。

2／施琅生平

第一節　施氏潯江系

施琅，字尊侯，號琢公，福建晉江南潯鄉人（註一）。其先世於宋孝宗年間由河南光州固始縣遷居福建省福清縣高樓鄉潯江，衍潯江系（註二），郎爲此系第十六世（見附表）。祖一舉，樂善好施，有子二，長大宣，次大奐，時値明嘉靖、天啓年間，遭逢兵燹，家道中落（註三）。大宣號達一，有子三，長爲肇科，次即郎也，三爲顯（註四），「旣而贈公（郎父大宣誥贈光祿大夫，故曰贈公）遭外釁，家落」（註五），郎生於亂世之破落戶也。

附表：施琅世系表

（參考施學吉、施暫渡編《臨濮堂施氏族譜》（台中、台光文化出版社、民國五十七年五月）、「錢江中份分支世系」、頁一至四十。）

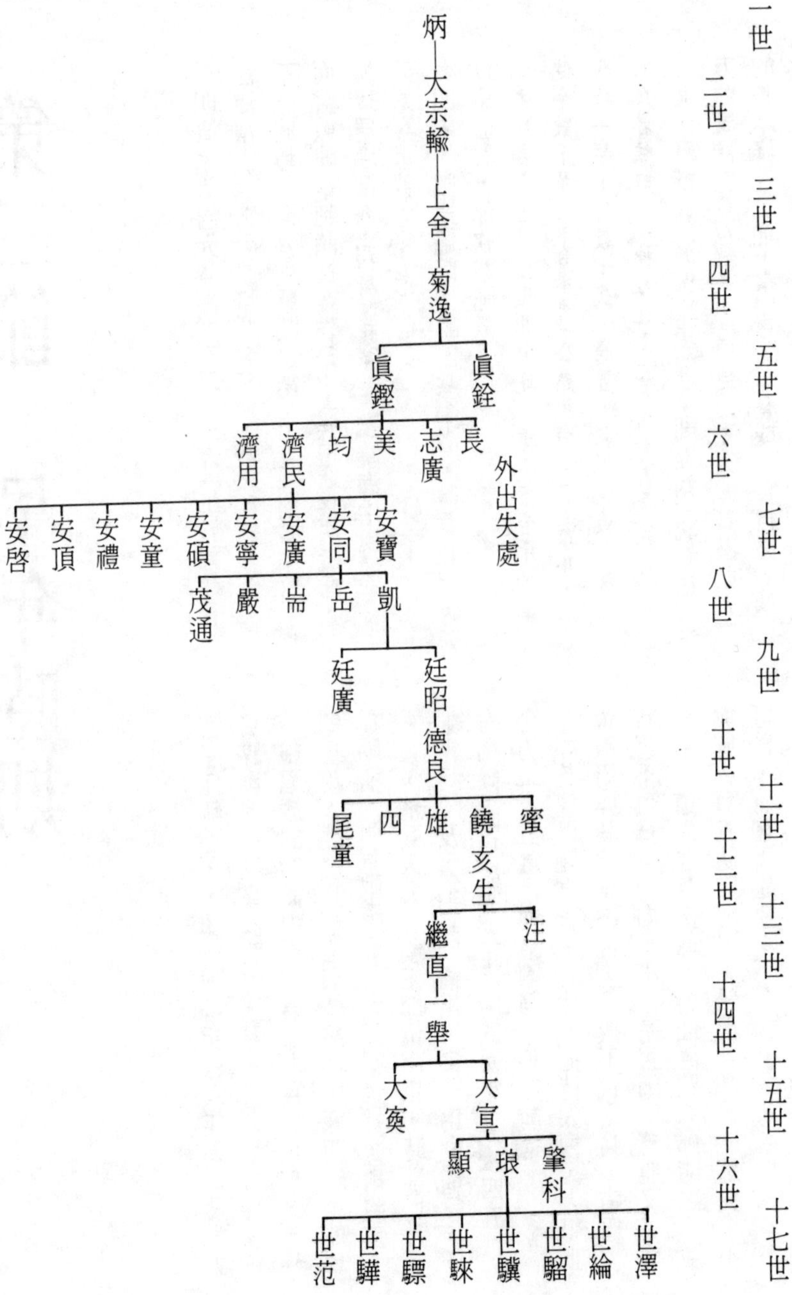
一世
二世
三世
四世
五世
六世
七世
八世
九世
十世
十一世
十二世
十三世
十四世
十五世
十六世
十七世
炳
大宗輸
上舍
菊逸
眞鏗
眞銓
濟用
濟民
均
美
志廣
長
外出失處
安啓
安頂
安禮
安童
安碩
安寧
安廣
安同
安寶
茂通
嚴
耑
岳
凱
廷廣
廷昭
德良
尾童
四
雄
饒
蜜
亥生
繼直
汪
一舉
大奐
大宣
顯
琅
肇科
世范
世驊
世驃
世騋
世驤
世騮
世綸
世澤

第二節　早年時期

明熹宗天啓元年（一六二一），郎生於福建晉江海濱，幼即自負神異（註六），雖入私塾讀書，不感興趣。但喜愛擊鬥之術，未及弱冠，投軍而習戰陣擊刺諸技。越數年，遂精通兵法戰陣，又以居處濱海，親身體驗，遂「諳曉海中風候」、「尤喜水戰」（註七）。

明末，賊寇蠭起，有主兵事者，徵募壯士，以事征討，郎欣然應徵：

> 主兵者……置巨鐵鼎中庭，重不下千斤，集健卒數千輩，莫有舉者，公熟視曰：「無難耳！」奮袂一挈，行數十武，徐置，容色無纖毫改。主兵者駭曰：「神力也！」署爲千夫長（註八）。

陶元藻撰《靖海侯施琅傳》，則提到「貌魁梧、方頤廣頞，膂力絕人」。可見郎先天即具備武人的基本條件，加上讀書少，養成自負自傲的個性。任職不久，認爲不可能有大作爲，乃辭去另謀發展，投靠武毅伯施福。

施福於帥府領中軍，爲郎之族父（註九），至即重用，委之兵柄。適値泉郡山寇四起，郎率兵勦捕，頗有戰績，乃上其功，官拜遊擊將軍。未幾，清兵入關，福王即位南京，時郎已升至副總兵。及唐王立於福州，又升爲僉都督，任左衝鋒，時爲弘光元年（隆武元年，一六四五），郎方二十五歲，血氣剛強，勇於前進。

鄭芝龍以擁立唐王有功，把持大權，大學士黃道周與其意見不合，芝龍不肯出兵，道周憤時事不可爲，乃向唐王自請視師，芝龍又不與一卒，道周自募千餘人出仙霞關，郎隨之，並與施福負責防守河口、鉛山（註十）。郎見事不可爲，而有所建陳：

●書中提到施琅貌魁梧、方頤廣額，膂力過人，先天即具備武人的基本條件。

公（黃道周）報之曰：「君言是也，顧吾大臣，仗義死守而已，倘有他奇變可以佐時，吾輩行矣，勉之！」（註十一）。郎遂謝道周而去。可見郎一心但求個人有所發展，名利為重。郎審時度勢，一見情況不妙即離去，為一善於隨機應變，精明而富見地之人。

郎認為鄭軍大有可為，遂寄食海上，為鄭芝龍部將（註十二）。未幾，郎隨芝龍降清。並於順治四年（永曆元年，一六四七）十月三日奉命與「梁立同提督李成棟、監軍戚元弼等援剿順德縣海寇，多所斬獲」（註十三）。

芝龍降清，成功力諫無效，乃起義海上，郎與弟顯投靠之，時在順治四年（永曆元年，一六四七），約十二月之時（註十四）。關於郎之投靠，或成功羅致，有說法三：

一為郎自願歸附鄭成功：

鴻逵遯金門，成功退保安平，前浙江巡撫盧若騰、進士葉翼雲、舉人陳鼎、海澄人甘輝、南安人施郎與弟顯及邱縉……先後傅成功（沈雲《台灣鄭氏始末》）。

及明亡，閩粵事亦相繼敗，琅挈家屬入海依

鄭氏（范咸《重修台灣府志》）。

芝龍降清，子成功起兵安平，琅及弟顯從之（連雅堂《台灣通史》）。

（成功）與所善陳輝、張進、施琅、施顯、陳霸、洪旭等願從者九十餘人，乘二巨艦斷纜行，收兵南澳，得數千人，文移稱忠孝伯招討大將軍罪臣國姓（鄭亦鄒《鄭成功傳》）。

（成功）既祝，長揖而去，遂部勒將士，所喜陳輝、張進、施琅、施顯、陳霸、洪旭等願從者九十餘人……等皆來歸（匪石《鄭成功傳》）。

二爲鄭成功因慕郎名而自動羅致之：

鄭成功托故明藩封棲海上，素悉公英名，欲倚以爲重，遮入海，禮遇初甚渥，凡軍事必咨商（施德馨《襄壯公傳》）。

明亡，鄭成功羅致之（施郎）爲左先鋒（陶元藻《靖海侯施琅傳》）。

三爲鄭成功招郎，郎不從而被囚：

芝龍歸京師，其子成功竄踞海島，屢誘公助己，公不從，囚公艙中，欲殺之，公以計脫。（李元度《國朝先正事略》）。

成功竄踞海島，屢誘郎助以剽掠，琅不從；其父大宣、弟顯及子一、姪一，皆爲成功戕害（李桓《清耆獻類徵初編》）。

成功竄踞海島；招琅，不從。成功執琅，並縶其家屬，琅以計得脫，父大宣、弟顯及子姪皆爲成功所殺（趙爾巽《清史稿》）。

當時郎奉命援勦順德海寇，頗有斬獲，以急於名利的人而言，豈肯自願歸附退據海邊的鄭氏。反觀，成功爲報答隆武帝知遇之恩及明廷的匡復大業，起義海上，當然會網羅各方英雄好漢，充實實力；況郎曾爲其父芝龍的部屬，當爲招募對象之一，是可信也。至於第三種說法，顯見是《清史稿》沿襲《清耆獻類徵初編》的說法，純以清人立場爲立場，爲其功臣施郎被成功逮捕一事之飾辭耳。

郎依成功後，頗有功績，然恃才倨傲，終因一連串跋扈之行徑，使成功忍無可忍，下令拘禁之，郎設法逃脫，渡海降清，其父弟則爲成功所殺。

第三節　中年時期

郎西渡後，投依施福，時施福已降清。順治十三年（永曆十年，一六五六）六月（註十五），因黃梧之推薦，被任爲同安副將（黃梧獻海澄降清，封爲海澄公），郎乃改名爲「琅」（註十六），時琅三十六歲。

琅爲清廷效命後，於順治十四年（永曆十一年，一六五七）以書誘連江港守將洪善，未果。同年九月，清軍進攻閩安鎭，圍攻羅星塔，守將陳斌待援，施琅招之，斌降（註十七），守軍五百餘人盡被殺於南台橋（註十八）。

順治十六年（永曆十三年，一六五九）七月，鄭軍圍攻南京。未幾，兵敗，棄南京而東，清廷於次年五月命福建總督李率泰與寧南將軍達素進攻思明（廈門）。琅與達素出同安港，琅和鄭軍高崎守將陳鵬有密約，鵬欲爲內應，雙方接觸後，因鵬得不到同僚陳蟒之合作，無法依計行事，清兵則恃約，不戒而進，大敗（註十九），達素在琅的援助下乘小舸由間道而逃。

順治十八年（永曆十五年，一六六一），因兵部蘇密上奏：

鎭守福建同安縣副將施郎，自投誠而來，仍身任此要地，臣至同安，視其整練兵馬，防守汛地，眞有實心爲主報效之意……其防守之城，與賊城廈門、金門緊對，最爲要城，此副將應給與總兵勅印（註二十）。

琅乃於同年十月二十五日升爲同安總兵官（註廿一）。

康熙元年（永曆十六年，一六六二）五月，鄭成功逝於東都，鄭氏政權形成台灣的鄭世襲（成功之弟）與廈門的鄭經對峙之局，清廷乃

再度發動和談攻勢，由福建總督李率泰主其事，一方面則於七月二十七日升琅爲福建水師提督（註廿二），以備和談不成，欲藉武力解決。鄭經機智，假造降書以敷衍清廷，而於十月十七日平靖內難，解除此大危機（註廿三）。

琅任水師提督期間，清廷再度發動攻勢，與荷蘭人聯軍於康熙二年（永曆十七年，一六六三）進兵思明。是役，琅與黃梧出海澄港，鄭軍寡不敵衆，放棄金、廈二島，退守銅山。清廷見鄭軍勢蹙，又採和議之策，命施琅、黃梧等差人至鎮海、銅山招降。援勦右鎮林順、總督五軍戎務周全斌等人先後降清（註廿四），鄭經見銅山孤立無援，乃忍痛棄之，退保東都，以期東山再起，時爲康熙三年（永曆十八年，一六六四）三月。至八月改稱東都爲東寧，升天興、萬年二縣爲州。琅因此建功被加爲右都督（註廿五）。

鄭軍敗退，主戰派的施琅主張乘勝進擊，琅意東征已非他莫屬，然降將豈可正面直陳，乃採以退爲進之策，於同年閏六月初二日向康熙提出辭呈，「告請終養」，上亦知其要求所在，經予慰留，並於七月十八日，以「素諳海務，矢志立功」，命爲靖海將軍，飭令征勦東寧。是年琅四十四歲，躊躇滿志，不但即將報父弟之仇，又可立功揚名，因此積極備戰，次年四月由銅山出發，至澎湖附近的清水墘，遭遇狂風，船隊飄散折損，只好收船而返（註廿六），雙方暫時相安無事。

康熙六年（永曆二十一年，一六六七）候補總兵孔元章自請前往東寧招撫立功，未果。琅聞悉上「邊患宜靖疏」指鄭氏無意歸誠，極力主戰，時爲同年十一月二十四日。清廷權衡結果，認爲以武力解決，海疆險遠，無十足把握，還是以和談誘降爲上策，又恐施琅對此策略有所破壞，乃召琅北上：

> 渡海進勦台灣逆賊，關係重大不便遙定，著提督施琅作速來京，面行奏明所見，以便定奪，

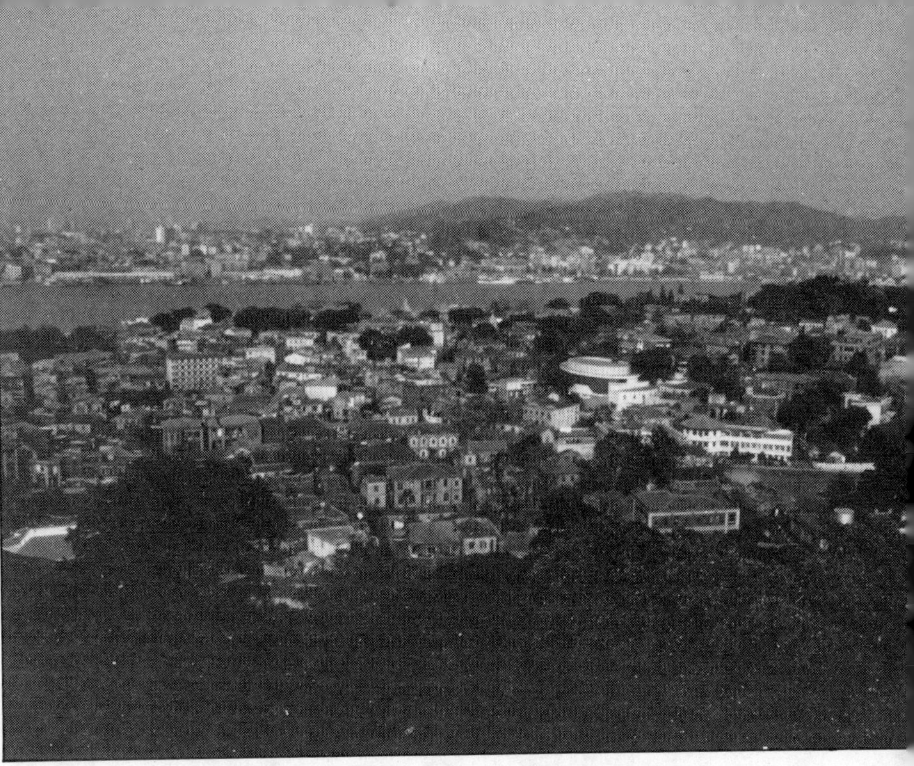

●鄭成功逝世後，清荷聯軍進兵，明鄭痛失金廈二島（劉還月／攝影）。

其施琅之缺，著施琅自行擇人暫令代管（註廿七）。

琅再接再勵，於康熙七年（永曆二十二年，一六六八）四月又上「盡陳所見疏」，仍力主東征，終不爲清廷所採，以「風濤莫測，難以制勝」寢其奏，並裁水師提督。琅入京後，授爲內大臣，隸屬鑲黃旗漢軍（註廿八），琅復仇立功的美夢，於曇花一現後，歸於沈寂。此後十餘年，是其一生中最晦暗的時期，甚至依其妻變賣飾物，作女紅以持家：

> 及公（施琅）留京爲內大臣，宦橐素薄，太夫人（琅之夫人張氏）至鬻簪珥，親女紅以佐家，使公無入室憂（註廿九）。

短短幾字，充份說明其境況慘淡之一斑了。

第四節 晚年時期

●康熙賜施琅戴花翎，著龍袍，封爲靖海侯。

琅在內大臣任內十多年，極其潦倒，直到康熙二十年，由於鄭經去世，子少，發生內亂，清廷欲乘機東指，以琅熟悉海務，經大學士李光地及福建總督姚啓聖的保薦，復出爲福建水師提督，年雖花甲，然於長期閒置後，一旦復出，急欲一展所長；遂一面整軍，一面上「密陳專征疏」，自請專征，並主乘南風進討，總督姚啓聖則主乘北風進剿，雙方堅持不下，琅先後又上「決計進剿疏」、「海逆形勢疏」、「海逆日蹙疏」終獲康熙支持。康熙二十二年（永曆三十七年，一六八三）六月率師進軍東寧，而爆發了澎湖之役，鄭將劉國軒敗走。未幾，東寧請降，據報至京，聖祖大喜，賜所御龍袍，又褒以詩（註三十），「加授靖海將軍，封爲靖海侯，世襲罔替，以示酬庸」（註卅一），且特旨賜戴花翎：

康熙間，福建提督施琅平台灣……詔封琅靖海侯，世襲罔替，琅疏辭侯爵，懇照前此在內大臣之列賜戴花翎，部臣議在外將軍提督無給翎例，聖祖特旨賜戴（註卅二）。

此後，琅曾先後上「恭陳台灣棄留疏」、「移動不如安靜疏」、「壞地初闢疏」、「海疆底定疏」、「收用人才疏」，頗多建陳，尤於「恭陳台灣棄留疏」，力陳保台，眼光遠大，貢獻頗鉅。

康熙二十七年（一六八八）七月，琅入京覲見，聖祖對其訓勉有加（註卅三），康熙三十二年（一六九三）再度入京朝見，年歲已大，步履維艱，帝命臣伏拜賜坐，琅以年老力衰，請辭，聖祖謂「朕用汝心，非用汝力」，琅拜恩回任（註卅四）。越三年。因染痰壅氣喘之症而卒（註卅五），享年七十有六，時爲康熙三十五年（一六九六）三月二十一日。

次年三月十六日加贈太子少傅、光祿大夫（註卅六），三月二十三日謚「襄壯」，並給全葬，加祭二次（註卅七），又於康熙三十七年（一六九八）八月十二日爲其立碑（註卅八），而於雍正八年（一七三〇）入祀賢良祠（註卅九）。

附註

註　一：施學吉、施暫渡編《臨濮堂施氏族譜》、雜錄類、頁六六：施琅勒石於清康熙二十八年之「潯江施氏宗祠碑記」。

註　二：同上，頁四至五〈我施氏族脈和蕃衍概況〉。

註　三：同上，頁三五至三六〈玉溪公特記〉。玉溪爲施一舉之號。

註　四：同上〈錢江中份分支世系〉，頁三五至三六。錢儀吉編《碑傳集》、近代中國史料叢刊第九十三輯卷十五〈康熙朝功臣〉下、王熙撰「光祿大夫太子少保內大臣靖海將軍靖海侯贈太子少傅施公琅墓誌銘」中，記爲：「至公父達一公，舉丈夫子三，公其次也」。施琅《靖海紀事》文叢本第十三種頁二三、施德馨撰《襄壯公傳》亦記爲：「父達一贈公舉丈夫子三，公其仲也」。臨濮堂施氏族譜頁一一八則云大宣「生二子，琅、顯」。可能漏載，故之。

註　五：施德馨撰《襄壯公傳》。

註　六：同上：「少倜儻……里有神宇曰定光庵，公垂髫詣神稽首，彷彿見神靈隨之，拜起，公亦默以自異」，不管此記載是否屬實，然吾人可發現一事實，顯見琅自幼即已深自期許。

註　七：（清）李桓輯《國朝耆獻類徵初編》卷二百七十六、將帥十六、〈國史賢良小傳〉。

註　八：同註五。

註　九：江日昇《台灣外記》、文叢本六十種頁七一作「施天福」。

註　十：黃道周《黃漳浦文選》、文叢本第一三七種卷二「續報情形疏」。

註十一：《碑傳集》卷十五〈康熙朝功臣〉下、李光地撰「施將軍逸事」。

註十二：（清）李元度纂《國朝先正事略》、近代中國史料叢刊分類選集、丙集第七十七輯卷十一〈名臣〉、〈施襄壯公事略〉。

註十三：巴泰等修《大清世祖章皇帝實錄》（以下簡稱清世祖實錄）卷三四，順治四年十月庚午條。

註十四：郎投成功時間，諸書記載不一：

①沈雲《台灣鄭氏始末》、文叢本第十五種卷二、頁十四、作順治四年九月。

②鄭亦鄒《鄭成功傳》、文叢本第六七種卷上、頁五、作順治三年，未載確實月份，然置於順治三年條之末。

③江日昇《台灣外記》、卷三、頁一〇五，作順治四年，月份不明，置於順治四年條之末。綜上，郎投成功，極可能在年底。又據《清世祖實錄》卷三十四、順治四年十月三

日之前，郎仍隸屬清軍。若此，郎投成功當在順治四年年底，即十一月、十二月，而非順治三年也，明矣。

註十五：此據《台灣外記》卷四。然中華書局編《清史列傳》卷八十、〈鄭芝龍〉則作順治十四年二月。

註十六：《國朝耆獻類徵初編》卷二百七十、〈黃梧傳〉及《台灣外記》卷四。

註十七：此據《台灣外記》卷四。然楊英《從征實錄》、文叢本三十二種、頁一一八、則認爲：「守羅星塔護衛前鎭陳斌、神器鎭盧謙俱被獲逮去，不屈，殺之。」因夏琳著《閩海紀要》、《海紀輯要》二書及彭孫貽《靖海志》卷二的說法，與《台灣外記》同，故從《台灣外記》。

註十八：此據《靖海志》卷二。然《台灣外記》卷四，則記爲「梟首千有餘人」。因《閩海紀要》、《海紀輯要》二書所載與《靖海志》同，故採之。

註十九：阮旻錫《海上見聞錄》卷二、周凱《廈門志》卷七及《靖海志》卷三、《台灣外記》卷五均有類似之記載。

註二十：中央研究院歷史語言研究所編《明清史料》丁編、第三本、頁二五六。

註廿一：馬齊等修《大清聖祖仁皇帝實錄》（以下簡稱《清聖祖實錄》）卷五、順治十八年十月辛未條。

註廿二：《清聖祖實錄》卷六、康熙元年十月戊戌條。

註廿三：莊金德《鄭清和議始末》，《台灣文獻》十二卷四期。

註廿四：《清聖祖實錄》卷十一、康熙三年四月癸丑條。另有關清荷聯軍攻台一事，可參閱《台灣外記》卷六，賴永祥〈清荷征鄭始末〉《台灣風物》四卷二期及林子侯〈清荷聯軍謀取台灣之始末〉《台灣風物》二十四卷四期。

註廿五：《清聖祖實錄》卷十六、康熙四年八月辛未條。

註廿六：《台灣外記》卷六。

註廿七：《靖海紀事》卷上。

註廿八：《國朝耆獻類徵初編》卷二七六、將帥十六。

註廿九：（清）李光地《榕村全集》、第四冊、卷三十三、「施太夫人張氏墓誌銘」。

註三十：《靖海紀事》卷下、「御製褒章」。

註卅一：《清聖祖實錄》卷一百十二、康熙二十二年九月戊寅條。《靖海紀事》卷下、「上諭兵部」及「封侯制誥」亦皆載之。

註卅二：陳康祺《郎潛紀聞》卷二、《清史稿》卷二六六〈施琅傳〉也有類似的記載。

註卅三：《清聖祖實錄》卷一百三十六卷、康熙二十七年七月乙酉條。

註卅四：《欽定八旗通志名臣列傳》、施德馨撰《襄壯公傳》及陳萬策撰《施琅家傳》亦皆載之。

註卅五：《靖海紀事》卷下，「君恩深重疏」。

註卅六：同上、卷下「贈宮傳制誥」。

註卅七：《清聖祖實錄》卷一百八十二、康熙三十六年閏三月癸卯條。

註卅八：《靖海紀事》卷下、「勅建碑文」。

註卅九：國防研究院清史編纂委員會、《清史》卷八八、禮志六。

3／施琅與鄭成功

第一節　施鄭思想及個性之比較

一、施琅思想及個性之分析

琅自幼即深自期許，頗思有一番作爲。琅父送其入私塾唸書，盼其由科場取得功名。惜琅非其才，又無其志，而喜玩刀弄槍，於是，「習書未成」，只好「棄而學劍」（註一）。琅讀書不多，缺乏涵養，無國家、民族觀念，又好爭強鬥狠，乃典型武夫。時值明末變亂，遂有發跡的機會，可謂得助於時勢，否則，充其量只能動亂於下層社會而已；又視琅早年一連串的行徑，爲一頗有能力而富見地之人，因此更養成其驕縱、傲慢之心理。此就先天而言也。

再就後天環境言，琅初起於其族父施福之提拔，頗受其影響，施福是怎樣的一個人呢？

唐王由黃道周、鄭芝龍的擁立，即位於福州，改元「隆武」，芝龍封爲平國公，加太師，鄭鴻逵封爲定國公，另有多人封爲侯、伯，施福即爲其中之一，封爲武毅伯（註二）。黃道周自請視師時，福與琅負責防守河口、鉛山。順治四年（永曆元年，監國二年，一六四七）清軍入閩，乃降清（註三），鄭成功起義後又歸鄭（註四）。康熙三年（永曆十八年，一六六四），鄭經棄守思明（廈門）時，又降清依於琅（註五）。康熙十三年（永曆二十八年，一六七四）經配合吳三桂等發動反攻，進入泉州、漳州一帶，福再度歸附鄭軍（註六）。福如此叛服無常，趨

●明末清初因缺乏海軍，海上都爲海盜、武夫盤據（劉還月／攝影）。

利避害，爲一立場不堅，意志薄弱之輩。琅隨而習之，因而會有早年的降清又歸鄭之舉。直到順治八年（永曆五年，一六五一）與成功發生衝突後，鄭氏下令逮捕，琅於明鄭已無立足之地，惟有一心歸向清廷。

琅又受芝龍影響。琅早年也曾隸屬芝龍，芝龍的爲人又如何呢？芝龍出身海盜，由機變而騰達，其御衆也，習於權術，講求個人利害，所冀求的僅是富貴（註七）。此可由其擁立唐王及降清之事窺之。芝龍所以擁立唐王，無非認爲「大業可圖」（註八），如果成功，長保明祚，則此生榮華富貴自不待言，及受封爲平國公，加太師，遂跋扈異常，因爭班位而與何楷、黃道周等人不睦（註九），繼而不參加唐王的郊天之禮（註十），此種得勢而驕之個性，爲莽夫性格的特徵之一。後來，隸屬成功帳下的施琅也表現出此種個性，而開啓施鄭衝突之端。

及見清軍節節進逼，芝龍認爲明祚圖存無望，而生貳心，清廷又以閩廣總督之職位誘之（註十一），芝龍遂降，充份顯示出只顧私利，只圖富貴，缺乏國家民族觀念的海盜武夫個性，琅早年降清又歸鄭，不正是如此！

琅以一介武夫，常與芝龍等海盜（註十二）爲伍，沾染著海盜爭強鬥勝、驕傲自恃、貪圖富貴的氣習，此想法、個性並未因環境改變、年歲增長而有所改變。此可由聖祖對琅的勅諭得知。琅第二度降清，於康熙三年（永曆十八年，一六六四）被任命爲靖海將軍，聖祖於勅諭中提到：

> 海寇雖已蕩平，逆賊鄭錦尚竄台灣，率以爾施琅素諳海務，矢志立功，特命爾爲靖海將軍……統領水師，前往征勦，凡事會議酌行，毋謂自知，罔聽衆言；毋謂兵強，輕事寇盜，嚴設偵探，毋致疎虞；……。

清初，對西南一帶、東南沿海的進兵皆重用降將，如吳三桂、洪承疇、馬得功……等降將皆替清朝賣過命，清廷皇帝對這些降將的詔諭也極盡籠絡之意，其他勅諭中，雖也曾出現過「毋謂己能」、「毋謂己知」一類的字眼，但對象大多爲滿清將帥，如琅初膺重任，即在詔諭中如此訓誡，可知聖祖深悉琅之爲人（註十三），亦可推知琅降清後並未改其自恃、驕縱之行。

平台後之琅，更是驕縱、傲慢、自恃。聖祖封之「爲靖海侯，世襲罔替，以示酬庸」。琅仍不滿足，要求破例賜戴花翎，本來在外將軍並無賜戴花翎之例，聖祖念其平台之功而特旨許之。又將聖祖所賜的御書，鐫碑立於其泉州水師提督衙門，而被福建提督張雲翼奏了一本：「水師提督施琅於公廨建立御書碑亭，各官不便行走」。聖祖得知後，傳旨：

> 朕賜御書，原以褒施琅之功，榮寵其一身一家，於伊家左右猶可豎碑，今乃於公所建立，不獨張雲翼一人出入未便，即合省文武大僚亦皆震悚迴避，此特借端招搖，欲引以爲重，該部嚴飭施琅不得於公所立碑（註十四）。

此種「借端招搖」、「引以爲重」之行爲，徒見武夫狂妄耳！

當時同僚對琅的看法，究又若何？康熙二十三年（一六八四）七月間，聖祖曾向學士席柱問及萬正色及琅的品行如何？

> 席柱奏曰：「陸路提督萬正色爲人忠厚和平，居官亦優。」
>
> 上曰：「萬正色前督水師時，奏台灣斷不可

取，朕見其不能濟事，故將施琅替換，令其勉力進剿，遂一戰而克，萬正色、施琅二人今相睦否？」

席柱奏曰：「二人陽爲和好，陰爲嫉妒。」

上曰：「施琅何如？」

席柱奏曰：「施琅人才頗優，善於用兵；但行事微覺好勝。」

上曰：「粗魯武夫未嘗學問，度量褊淺，恃功驕縱，此理勢之必然也。」（註十五）

「行事好勝」可代表當時廷臣對琅的看法，「粗魯武夫未嘗學問，度量褊淺，恃功驕縱」評來入木三分。

「江山易改，本性難改。」歲月於琅無所增益。康熙二十七年（一六八八）琅年已古稀，七月，入京覲見，聖祖訓勉之：

……邇來或有言爾恃功驕傲者，朕亦頗聞之。今爾來京，又有言當留勿遣者，朕思寇亂之際，尚用爾勿疑；況天下已平，反疑爾勿遣耶！今命爾復任，自此宜益加敬愼，以保功名。從來功高者，往往不克保全始終，皆由未能敬愼之故。爾其勉之！更須和輯兵民，使地方安靜，以副朕愛兵恤民並保全功臣至意。（註十六）。

綜上，琅無學問與涵養，心胸狹隘，且驕縱、傲慢、狂妄、好強、自恃，又乏國家民族觀念，固一「粗魯武夫」也。

二、鄭成功思想及個性及分析

鄭成功年輕時，曾入覲隆武，深受禮遇：

隆武撫森（成功）背曰：『恨朕無女妻卿！』遂賜姓，兼賜名「成功」，……封爲御營中軍都督。儀同駙馬、宗人府宗正（註十七）。

當時成功二十二歲，受此厚待，內心震憾，遂以匡復明廷爲己任，矢志效忠明室。

相關討論成功的史籍不勝枚舉，其共同點即對其以孤臣孽子之痛，起義抗清，奠定明鄭三世基業，莫不給予最高評價，然對其爲人處事，頗有微言，認爲其冷酷、寡情，用法過嚴：

賜姓遂有台灣，改名東寧……，初至，水土不服……死者甚多。加以用法嚴峻，果於誅殺：府尹楊朝棟以小斗散糧，殺其一家；又殺萬年縣知縣祝敬，家屬發配，於是人心惶惶！諸將

●諸史書皆認爲鄭成功冷酷、寡情、用法過嚴。

解體（阮旻錫《海上見聞錄》）。

成功之法尚嚴，雖在親族有罪；不少貸……其立法：有犯奸者，婦人沈之海，姦夫死杖下；爲盜不論贓多寡，必斬；有盜伐人一竹者，立斬之……長子錦舍（鄭經）與弟裕舍乳母某氏通，成功知之，命以某沈海，錦舍又私匿之，已逾三載，無敢爲成功言者。某氏怙寵，頗凌錦舍婦，婦不能堪，以告其祖父唐某號校臣者，爲致書成功；時錦舍守廈門，成功居台灣，以令箭授禮都司黃元亮，命渡海立取錦舍頭來，並令錦舍母董氏自盡。母子遷延未即死，會成功病亡得免（郁永河《裨海記遊》）。

（永曆十二年八月間）藩駕至羊山……傳令寄泊候鯮……藩過六中軍船議事，見黑雲微起，風轉不順，催各鎭歸船……不移時，即風起浪湧，迅雷電閃，雨大如注，昏黑，對面亦不相見，只聞呼死呼救、拆裂衝擊悲慘之聲……自午至酉，方始霽靜，遂令人查訪，六中軍船已不見，惟船杉漂閣在岸矣。船中失去六妃嬪並二（舍）、三舍、五舍三位，餘男婦老幼梢兵計二百三十一人，俱沒水中，惟存一老婆及老梢浮水逃生。藩發一笑，令各收屍埋葬（楊英《從征實錄》）。

豹（鄭芝龍之弟，成功之叔）封澄濟伯，因護庇施琅，成功怒之，後見成功以馬得功事殺芝莞，其令太嚴，不私其親，於是乘招撫，挈龍妻顏氏自安平入泉州投誠，移居京都（江日昇《台灣外記》）。

朱希祖於楊英所著的《從征實錄》序中，則以成功因其叔鴻逵縱去馬得功，絕之，終身不合（註十八），甚至「欲以小過殺其子經及其妻董氏」而認爲成功「英年得志，局量未弘」。

外人對鄭成功的看法又如何呢？

法人Camille Imbauel Huart於一八八五年（清光緒十一年）所著的《台灣島之歷史與地誌》，對鄭成功的描寫是這樣的：

他是有野心的，可是帶著一種高傲的氣派，沒有陰謀也沒有僞善；他有一種深厚的教養和非凡的智慧，他是堅強而又合實際的；他有著最迅速而又確實的眼光，堅定而又持久的意志……他一有決斷，他便以一種堅定、迅速而有決心的脚步朝著他的目標走去……他待人公正，但嚴厲而又剛直；即他的家屬也不能在他面前得到寬恕……

國姓爺有他的缺點和優點，他是驕傲而又記恨，專橫而有時殘酷……。

美國駐台領事James W. Davidson於一九〇三年（清光緒二十九年）所完成的《台灣之過去與現在》一書中，對鄭成功則較有公正而客觀的評價：

國姓爺大約是東方現代史上最傑出的人物……他的能力之偉大可由統率其部屬窺見，其部屬是一群五方雜燴，因爲他們都是受過壓迫或有所不滿尋隱蔽於其麾下，而這數千人之中，有的年齡二至三倍於他，尚且心服於此青年權威的指揮命令，而且這年輕將領於賞罰之懲戒並不一定輕，這可以明顯的證明他的力量。

……他不爲私利作戰……他一生的工作亦志在復興已顛亡的帝國……他不單是一介武夫；有鐵的意志、如火的熱誠……而且他不殘忍；至少與同時代在戰爭中勳功彪著的歐洲人比較

●鄭成功廿二歲即以匡復明廷爲己任，矢志效忠明室。

不算殘忍……然而大多數現代作家還好說他窮兇極惡而是個卑劣的海盜。那似乎是因爲他們以現在的標準來批評他，或是以荷蘭人所描寫的他來作爲批評的對象之緣故，前者是不對的而後者因爲荷蘭人當然是有成見的觀察者不足爲憑的……。

各家對鄭成功的爲人處事褒貶皆有，然而吾人可發現一個事實：鄭成功之所以冷酷、寡情、用法過嚴，無非是爲了完成其匡復明廷的大業。試看其當時處境，就兵略言，以狹窄的海濱之地、孤弱的軍隊，欲成匡復之大業，何其艱難；再就人事言，更是複雜，有其父親鄭芝龍舊部的海盜份子（註十九），更有欲假抗清之名，而行掠奪之投機份子（註二十），領導者不用法嚴峻，何以統馭屬下，完成匡復大業。因此，與其說鄭成功寡情、冷酷、用法過嚴，倒不如說他英邁、果斷、勇敢、剛強。然而這種性格上的優點也正是其缺點，誠如楊雲萍教授所言：「不客氣一點說：『是強悍，易生氣。』」（註廿一）。

再就醫學的觀點來推斷其個性：

其一：由生理觀點的性格看起來，他的堅韌強烈的意志，是屬於古希臘液體病理論的膽汁質。在血型學上是接近O型。

其二：由庫勒希麥（E. Kretschmer）精神病觀點的性格來看，在體格型與正常的氣質的關係，是屬於冷酷的支配者及自我主義者。在體格型與類似精神病者的氣質關係，是近於類似躁鬱狂型（Cyclothymic type），有這種性格的所有者，便往往要引起躁病狀態或抑鬱狀態（註廿二）。

因此，吾人可以更肯定的說，鄭成功的個性是剛烈、果決、急躁和易怒的。然而，正因其具有如此強烈的個性，方能成就非凡之志業。

三、雙方思想及個性之比較

二個人相處，若個性一強一弱，發生衝突的機會較少，如皆具強烈之個性，遇事不肯稍事讓步，發生衝突的概率便提高許多。比較施、鄭二人，皆具有極端強烈的個性，成功剛烈、果決、急躁、易怒；施琅則驕縱、狂妄、自恃、好強。再就思想言，成功以匡復明室爲職志，琅則趨利避害，毫無國家民族觀念。彼此個性、思想的對立，衝突的發生乃屬必然。故曰：個性、思想強烈的對峙爲施鄭衝突的根本原因。況且琅爲芝龍舊部，總自認是鄭氏政權的「元老」。在年齡上，也比成功大（註廿三），因此其狂妄、好強、自恃的個性也就表現得更爲強烈，施鄭之間的衝突實無法避免！

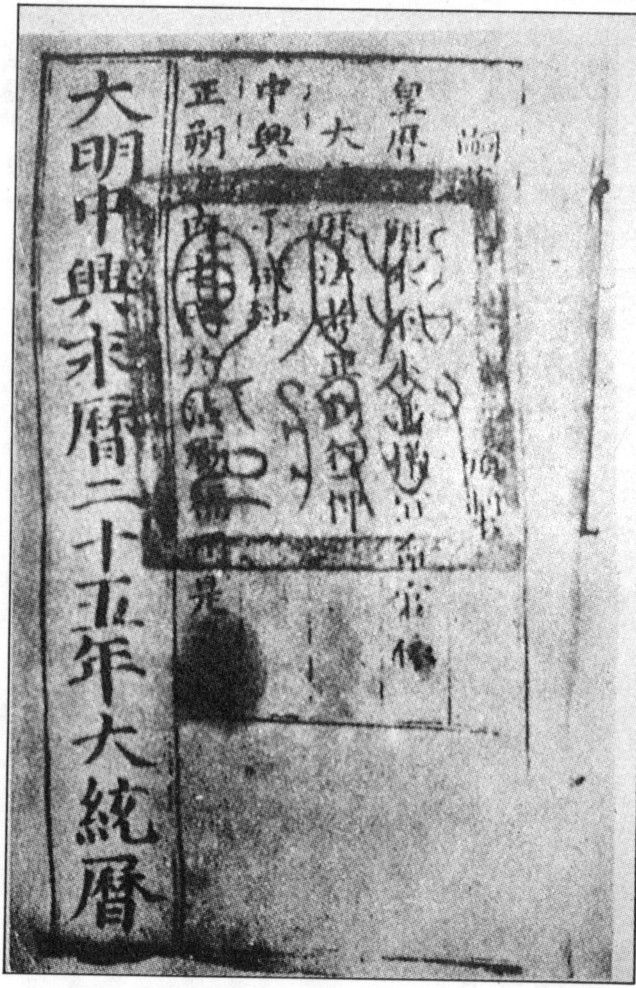

●施鄭二人皆具有極端強烈的個性，衝突實無法避免。

第二節　施鄭衝突之眞相

許多歷史事件的發生，往往是盤根錯節，錯綜複雜。「冰凍三尺，非一日之寒」，要知施鄭衝突眞相，當先了解郎投靠成功後的行爲、表現。諸書記載，大都只強調有一施郎親兵曾德逃於成功所，郎擒治之，成功馳令勿殺，而郎殺之，成功大怒，下令拘捕郎及其家屬（註廿四）。或謂：

芝龍歸京師，其子成功竄踞海島，屢諫公（施郎）助己；公不從，因公艙中，欲殺之。公以計脫……公父大宣、弟顯暨子一、姪一，遂被害（李元度《國朝先正事略》）。

明亡，鄭芝龍子成功竊用永曆年號，逋逃島上，邀公（施郎）入海，用爲左先鋒……公威名日盛，鄭氏麾下皆歸仰，成功寖生猜忌，久益甚。會有標弁犯法當死，逃之成功所爲親校，意揚揚無所憚；公不能忍，執而誅之（李桓《清耆獻類徵初編》）。

審閱各書中有關郎的資料，可發現施鄭衝突的醞釀是有脈絡可尋的，並非僅爲了曾德事件，或是成功忌郎之才而爆發的。茲分兩個重點來探討：

一、鄭成功屬下的施郎

順治四年（永曆元年，一六四七）年底，郎投靠成功。次年（即順治五年，永曆二年，一六四八）無所表現。第三年（順治六年，永曆三年，一六四九）三月，由於清軍節節進逼，郎奉成功之命與楊才、黃廷、柯宸樞等人進攻漳浦，守將王起鳳投降（註廿五）。十月，鄭軍分三路進攻雲霄，左路由左先鋒施郎、援勦左鎮

●鼓浪嶼上的鄭成功石像（劉還月／攝影）。

黃廷等率領，中路則由成功親自率領。當時清守將張國柱亦率軍列陣迎戰：

> 時左先鋒鎮遇國柱兵馬，遂即交鋒。約戰數合……左先鋒鎮副將施顯躍馬提刀，直衝其陣。國柱馳馬交迎，被施顯馬上一刀，砍死馬下。我兵（鄭軍）繼殺，虜遂潰散，盡被我兵殺死，積屍遍野。時施郎轄下親隨洪羽、施顯、下哨官黃安，戰功居多，藩遂知名……。

又於十二月間，先後攻克潮陽的達壕寨。揭陽的白灰寨（註廿六）。

順治七年（永曆四年，一六五〇）正月，郎攻破溪頭寨，四月，成功與定國公鄭鴻逵合兵攻打新墟寨，與新墟寨頗有交情的郝尚久出兵援之，成功乃下令：

> 移營迎敵……令左先鋒施郎、後勁鎮陳斌等向（前），才交一合，左右伏兵和出，陳斌、（施郎）躍馬衝入陣中砍殺，鋒不可當。虜遂濟潰，生擒尚久中軍陳禄而回，諸將繼進追殺，橫屍遍野，尚久僅以身免（註廿七）。

五月，詔安九甲義將萬禮從郎之招，率衆而降（註廿八）。六月，鄭軍圍攻潮州，潮州東面環溪，只一浮橋通漳州，爲絕其援兵起見，成功重用郎，令其督先斷橋，可是由於該地形勢險要，且橋僅一線之狹，難容兵馬，清兵又奮勇把守，連攻三日不下，成功頗不悅，傳令曰：「諒一橋難拔，尚欲圖大！」乃自督軍，下令凡奮勇攻克者重賞擢升，退卻者不論總鎮官兵，立即梟示，何義、陳法等人冒死前衝，燒斷浮橋，清軍援絕，遂退城固守。(註廿九)。

同年，郎獻計襲取據有金廈的鄭彩、鄭聯(彩、聯皆成功之族兄)郎曰：

聯乃酒色狂徒，無謀之輩。藩主可領四隻巨艦，揚帆回師，寄泊鼓浪嶼。彼見船少，必無猜疑，其餘者陸續假為商船，或寄泊島美、浯嶼，或寄大擔、白石頭，或從鼓浪嶼轉入崎尾，或直入寄椗廈門港水仙宮前，藩主登岸拜謁，悉從謙恭，然後相機而動。此呂蒙賺荊州之計也。(註三十)。

成功於八月間依計行事，刺殺鄭聯、招撫鄭彩，金門、廈門遂為成功所有，成為鄭軍反清復明的基地。郎此獻計之功匪淺，若能長此以往，其於鄭軍中，發展必大。然一向驕縱、自恃的郎，此後的表現卻是恃功而驕，而導致施鄭關係的惡化。

二、施鄭關係的惡化

郎獻計有功，恃功益驕，加上其弟施顯亦握有兵權，跋扈異常，動輒倚兵凌人，各鎮屈居下風，只有後勁鎮陳斌自恃身體魁梧、力氣大，敢與抗衡：「彼恃兵力，吾兵足與敵，若彼手段，雖兄弟，吾用隻手蹂躪之！」郎聞之，亦忍讓，惟向成功抱怨，陳斌得知後，心生畏懼，率兵而去，密留一函給成功，陳述逃走緣由。郎於軍中之跋扈、蠻橫，成功遂了然於心。時為順治七年十二月(永曆四年閏十一月，一六五〇)。「身大十圍，力舉千斤」的好將才，因郎的無狀，逼而離開，成功內心痛惜，自不在話下。

順治八年二月(永曆五年正月，一六五一，按大統曆置閏於去年十一月，清時憲曆則置閏於今年二月)，成功率兵南下勤王，至南澳，郎入告：「勤王臣子職分，但郎昨夜一夢，似大不利，乞藩主思之。」成功知其意不願南下，「心含許之」，乃令其將左先鋒印並兵將，由副將蘇茂管轄，郎遂帶陳壎、鄭文星等回廈門（註卅一）。時清巡撫張學聖、提督馬得功等偵知成功率兵南下勤王，遂於三月間領兵偷襲廈門，鄭芝莞等不戰而潰，定國公鄭鴻逵率師來援，郎率陳壎、鄭文星等數十人與清軍激戰，敗之。時在三月間。

未幾，成功得報，班師回廈門，召集諸將議廈門失守功罪，先賞郎花紅銀二百兩，加二級，轄下陳壎等一百兩。郎以廈門已失，虜又生還爲由，辭不受，成功答曰：「虜先渡，以陸失守，該鎮假回閑員，目擊虜氛，身率數十人與虜對敵，追逼城下，使藍登水陸諸人如是，虜無隻還矣。功而不賞，罰將何施？」並斬芝莞。

成功賞罰公平，然郎之所以辭受賞銀，無非暗示成功，望能復職左先鋒，卻未能達目的，乃進一步啓請削髮爲僧，以揣成功之意。成功豈不知，非但未復其職，反拔郎原副將萬禮爲鎮，且諭令郎募兵，方許授前鋒鎮。郎不滿，遂置成功諭令不顧，逕行削髮不見面。此種反應，成功實難承受也。

一日，郎家丁與右先鋒黃廷士兵發生細故，郎借機洩悶，率數人赴黃廷行營辱罵，打碎器具，黃廷避而密告，成功遂令黃山、黃愷誠諭施郎，郎面從心違。未幾，又發生曾德事件。曾德原爲郎之親兵，請求成功拔爲親隨，成功答應之，郎得知，即出令箭將曾德抓回立斬之，成功十分不悅，猶隱忍未發，諭施顯勸告之：「藩無能作傷恩事也。」郎不知收斂，益肆無忌憚，怨聲頗露，成功忍無可忍，於五月二十日下令逮捕郎、顯、父大宣及家屬。郎交由忠定伯林習山羈於船中，習山又令副將吳芳看守。一日，有人前來，僞稱成功提調郎審訊，吳芳不疑有他，即與登岸，至僻靜處將吳芳及押人打倒，郎乘機潛匿蘇茂家。越日，渡海，鄭軍搜之未得，「藩（成功）怒習山計放，欲殺之，未果；殺吳芳妻子五人，令芳跟尋，越日，殺大宣於市，殺施顯於曾厝垵（按）。」（註卅二）。

第三節　施鄭衝突的檢討與影響

一、施鄭衝突的檢討——施過於先鄭誤於後

從整個事件的發展來看，施鄭的衝突，雙方都應負相當責任，郎固然恃才跋扈（註卅三），罪有應得，而成功處理失當亦難辭其咎。

綜觀郎投成功後，頗有戰功，除攻潮州一役，奉命督先斷橋，未能達成任務外，表現頗佳，且獻策助成功襲取金廈，作爲根據地。自恃而驕，終至逼走陳斌，甚至「啓請爲僧」、「削髮不見」，削髮可說是薙髮之漸，鄭氏十分忌諱。試看順治十一年（永曆八年，一六五四），清廷遣使與鄭氏和談，雙方爭執的焦點即爲：先接詔後削髮，或先削髮後接詔，而終爲鄭氏所嚴拒，其理由即：「削髮」就是投降，豈能爲一家之私情（清廷以鄭父作要脅），而不顧民族國家之大義（註卅四）。然成功仍隱忍未發。接著，即與右先鋒黃廷發生衝突，繼又發生曾德事件，成功雖曾令黃山、黃愷、施顯等勸郎，然郎變本加厲，怨聲益露，成功始下令收押。郎恃才跋扈而被捕，罪有應得！

從另一個角度觀察，成功的處置亦失當。順治八年（永曆五年，一六五一）成功南下勤王，郎托言夢中不祥，勸阻勿往。乍看之下，此舉

●施琅獻計襲取金廈，成爲鄭軍反淸復明的基地（劉還月／攝影）。

似不忠於明室。然就軍事觀點言，當時廣州已爲平南王尚可喜及靖南王耿精忠攻破，杜永和退至瓊南，而成功欲孤軍深入，似不宜冒險，作無謂犧牲（註卅五）。琅之進言，或出於肺腑，心意誠懇，然成功卻去其兵權。郎回廈後，值張學聖、馬得功等來襲，郎以一閒員身份奮力作戰，無非想將功贖罪，恢復原來職位，成功給他的報酬卻是賞銀加級，無意復其職。郎只得辭賞，啓請爲僧，以暗示成功。成功既未能及時加以安撫，反提拔郎屬下副將萬禮爲鎮，郎不滿的情緒，節節上升，牢騷與抱怨，溢於言表，成功終於下令逮捕郎及其家屬。過在郎，其弟顯及父大宣似無逮捕之必要，況還可利用骨肉深情，勸郎悔改。後郎乘機逃脫，何必立即殺大宣及顯，使郎無所留戀顧慮（註卅六）。而事實上郎逃脫後，並未立即降清，在蘇茂幫助下：

> 去安平，投施天福依芝豹，求爲排解。俄而成功知，往召，郎已逸內地。成功得回報，憤其叔父市恩放郎。
>
> 五月，成功擢戎旗中協林勝爲援剿右鎮。整

大隊，領中提督甘煇、左先鋒鎮蘇茂、中衝鎮藍登……（註卅七）。

顯見施郎心存觀望，未料鄭成功殺其父、弟，且將其職正式授予蘇茂（原僅代官）。至此，演成僵局，郎惟有降清，以報此深仇大恨！

成功之處置失當於此明矣。一誤於施郎辭賞、請爲僧之際，未能即時加以安撫。二誤於逮捕後，未加嚴密看管，迅速處決，令其有逃脫之機會。三誤於施郎潛逃後，未能善待大宣及顯，使施郎有所顧忌，反將其父、弟處死，使施郎懷著父死弟亡的深仇大恨，誓死必報。而於六十三高齡之際，仍不顧風濤之險，賣命率軍渡海進襲明鄭，明室僅存匡復之希望於焉消滅！

綜上，就施鄭衝突一事而言，雙方皆有不當之處，施郎跋扈在先，而成功處置失當於後。換言之，郎有不對之處，成功亦難辭處置失當之咎！「這造成『中間微嫌』的責任，似先在施琅，而不赦小過，『釀成大戾』的責任，似在成功。」（註卅八）此之謂也。

●施琅攻克澎湖，鄭氏三十多年苦心經營的基業，煙消雲散（劉還月／攝影）。

二、施鄭衝突的影響
——導致明鄭覆亡

施鄭衝突，郎因而降清，影響明鄭甚大。琅懷抱滿腔仇恨，處心積慮，欲滅明鄭而後甘心，更以與明鄭有殺父亡弟之仇而取信於清廷。先於康熙四年（永曆十九年，一六六五）率軍東指台灣，阻風而返，雖經十多年的冷落，康熙二十年（永曆三十五年，一六八一）復出，而於康熙二十二年（永曆三十七年，一六八三）攻克澎湖，鄭克塽降，明鄭告終。台灣與中國大陸遠隔海峽，而滿清驍騎，善於陸戰，拙於水戰，若非倚賴漢人之力，欲東指台灣，談何容易！郎不僅自幼生長海邊，深悉水戰，且富韜略；又與鄭氏有不共戴天之仇，遂得清廷信任，委以平台之責，鄭氏三十多年苦心經營的基業，終因澎湖一役而煙消雲散！施鄭衝突導致如此下場，明鄭所付代價著實太大！

施鄭衝突又間接地促使黃梧降清。蘇茂助郎潛逃之事，終爲成功偵知（註卅九），耿耿於懷，茂又已升爲左先鋒，欲殺之而無由。順治十三年（永曆十年，一六五六）正月，清軍攻揭陽，茂輕敵而敗。三月，成功議揭陽喪師之罪，藉機斬茂，「黃梧、杜輝應援退卻，致統領失和……於是杜輝綑責六十棍，黃梧寄責，各戴圖贖，照舊管事，再犯，二罪並舉。」（註四十）梧見成功以揭陽失利斬茂，本身受罰雖不重，然心有餘悸，乃乘防守海澄之便，獻海澄而降。黃梧之降，肇因於蘇茂之被處斬。而蘇茂之爲成功所斬，其根本原因爲茂縱郎，是黃梧之降，受施鄭衝突的間接影響。當時「城中所貯糧粟二十五萬，軍器、衣甲、銃器不計，其將領私積者又不計。」皆淪入清軍手中，成功嘆曰：「吾意海澄城爲關中河內，故諸凡盡積之。豈料黃梧、王元士如此悖負？後將如何用人？」（註四一）黃梧之降，明鄭不僅喪失一良好據點，物資損失亦鉅。梧降清後，薦郎爲同安副將，郎始嶄露頭角，乃有後來康熙四年（永曆十九年，一六六五）帶兵東征遇風而返之舉，更進而於順治十八年（永曆十五年，一六六一）密陳平海五策，使鄭軍受到不少打擊，甚至有人稱：「黃梧密陳平海五策氣死成功逼困鄭經」

（註四二），是施鄭衝突之後遺症。

●明鄭時期，台灣的原住民圖像。

附註

註　一：施琅《靖海紀事》、施德馨撰《襄壯公傳》。

註　二：江日昇《台灣外記》卷二。及彭孫貽《靖海志》、卷一。

註　三：《清世祖實錄》卷三四，順治四年十月庚午條：「初，投誠武毅伯施福同澄濟伯鄭芝豹，率十鎮官軍，持投誠平國公鄭芝龍牌劄，招撫白沙……」。

註　四：楊英《從征實錄》、文叢本第三二種頁四：「(永曆三年十一月)……時武毅伯施天福(即施福)同黃海如來見，藩令天福典兵柄，辭以老，從之。」

註　五：《清聖祖實錄》卷十二、康熙三年閏六月壬戌條：「命都督僉事，施福隨水師提督施琅標下效用。」

註　六：阮旻錫《海上見聞錄》、文叢本二四種卷二：「世藩鄭經分設六官，以陳永華為總制留守……以施福為五軍……」。

夏琳《閩海紀略》、《台南文化》五卷四期卷下、頁一八三：「…… 曰五軍，以施福為之……」。

註　七：張雄潮、〈鄭成功的稟賦與志業造就的因素〉、《台灣文獻》十三卷二期。

註　八：李天根輯《爝火錄》、文叢本第一七七種卷十一：「今鄭鴻逵(鄭芝龍之弟，鄭成功之叔)自京口至，蘇觀生自南都至，胥會於西湖，共說王曰：『清兵渡清江，金陵不守；若以浙西為門戶，立國於閩，大業可圖也！』遂與福建巡撫張肯堂……南安伯鄭芝龍等奉王監國。」

註　九：《台灣外記》卷二：「隆武召黃道周、何楷、曾櫻……等諸文武入朝，今議戰守策，鄭芝龍首站東班，楷讓之曰：『文東武西，太祖定制。今鄭芝龍妄自尊大，不但欺凌臣等，實目無陛下。』龍曰：『文東武西，雖古來定制，然太祖已行之，徐達業站東班首。』道周曰：『徐達乃開國元勳，汝敢與達比乎？』龍曰：『以今日較之，我從福建統兵恢復，直至燕都，功亦不在徐達下。』遂至爭殿上，隆武亦無奈何，各為慰解罷。」

註　十：彭孫貽《靖海志》卷一：「唐王行郊天禮於南

台，二鄭（鄭芝龍，鄭鴻逵）皆稱疾不出，戶部尚書何楷劾奏：『郊天大典，芝龍、鴻逵不出陪祭，無人臣禮，當正其罪。』」隆武帝也知芝龍跋扈無狀，卻無可奈何。鄭達、野史無文、文叢本第二〇九種、卷十二：「隆武帝以芝龍跋扈也，心非其所爲，欲裁抑之，然卒不可得，日夜與曾皇后太息相對泣。」芝龍之跋扈，恃功而驕，於此可見一斑。

註十一：《爝火錄》卷十六、頁八八五：「（清軍博洛）貽書芝龍曰『吾所以重將軍者，以將軍能立唐藩也……若將軍無輔立之舉，吾何所重於將軍哉！且兩粵未平，所藉於將軍者不小；今鑄「閩廣總督印」以待將軍，其即來面商地方人材及取兩廣事宜！』芝龍得書大悅，劫衆議降。」

註十二：《台灣外記》卷一：「崇禎元年（一六二六）……九月，芝龍舉其衆降（明）。」雖琅隸屬芝龍之時，芝龍已降明，然芝龍屬下大多爲其爲海盜時之舊部。

註十三：吳萩〈談鄭氏叛將施琅〉、《藝文誌》十七期。

註十四：《清聖祖實錄》卷一百二十八、康熙二十五年十二月丙寅條。

註十五：同上、卷一百一十六、康熙二十三年七月丙戌條。

註十六：同上、卷一百三十六、康熙二十七年七月乙酉條。

註十七：《台灣外記》卷二。

註十八：鄭成功處理此事確有些過份，因其四叔鄭鴻逵一向待他不薄，而且自幼即很照顧他。川口長孺《台灣鄭氏紀事》文叢本第五種卷上：「成功補弟子員，試高等，時年十五。成功生而豐儀整秀，俶儻有大志。每東向而望其母。常爲芝豹所窘，鴻逵獨偉之。」朱希祖〈延平王戶官從征實錄序〉，《台南文化》五卷四期頁十：「然追溯成功賜姓之由，全由鴻逵擁戴紹宗所致；芝龍之降也，欲挾成功見清貝勒博洛，鴻逵陰縱之入海，至昭宗時，成功南下勤王，鴻逵每出兵相助，觀其與芝龍書，眷念舊恩，不貪新榮，散軍艦爲商漁，居白沙以弢晦，書中迴護成功，沒齒無怨，而成功則以家產之喪亡，殺芝莞以洩恨，鴻逵跳身白沙，幸而免戮。」

註十九：梅村野史《鹿樵紀聞》、文叢本一二七種卷中：「其（鄭成功）部下分南郎、北郎，南郎多廣、閩海盜，芝龍舊部曲；北郎則江浙人及所招中原劇盜，旗下逃丁也。」

註二十：張雄潮、〈鄭成功對將吏的統御才略〉、《台灣文獻》十四卷二期。

註廿一：〈鄭成功復台三百週年紀念座談會紀錄〉、《台灣文獻》十二卷一期頁一六三，楊雲萍先生以〈鄭成功性格及其他〉爲題所作之談話。

註廿二：李騰嶽（醫學博士，曾任台灣省文獻委員會編纂、委員、主任委員）〈鄭成功的死因考〉、《文獻專刊》一卷三期。

註廿三：《台灣外記》卷一的記載，鄭成功生於明天啓四年（一六二四），而琅則生於天啓元年（一六二一），比鄭成功大三歲。

註廿四：夏琳的《閩海紀要》《海紀輯要》《閩海紀略》，阮旻錫的《海上見聞錄》，江日昇的《台灣外記》及鄭亦鄒的《鄭成功傳》均有此記載。

註廿五：鄭亦鄒《鄭成功傳》卷上。

註廿六：《從征實錄》文叢本第卅二種頁二至七。

註廿七：《從征實錄》、《台南文化》五卷四期頁二十。此段引文，文叢本第三二種，缺字頗多，故採台南文化本。

註廿八：《台灣外記》卷三、《海上見聞錄》卷一及《靖海志》卷一均作順治七年（永曆四年，一六五〇）五月。然沈雲《台灣鄭氏始末》卷二則作同年三月「（成功）遣施郎招萬禮於詔安九甲。夏四月，禮率衆降。」

註廿九：《從征實錄》，《台南文化》本、頁二十至二十一。

註三十：《台灣外記》卷三。

註卅一：此據《從征實錄》文叢本頁五至十四。另《閩海紀略》卷上、《海紀輯要》卷一亦載此事，然文句略異。

註卅二：關於「施鄭關係之惡化」的史料，大都取材於延平王戶官楊英著《從征實錄》。理由有二，一爲時地較近，又具價值的史料，對此事的敍述，記載較略。二爲有關的史料，如夏琳著《海紀輯要》、《閩海紀略》，阮旻錫著《海上見聞錄》、鄭亦鄒著《鄭成功傳》、江日昇著《台灣外記》等諸書，黃典權先生於〈鄭成功擒治施郎事件種因考〉（《台南文化》六卷二期）一文中指出，上述諸書對於施鄭衝突之記載失之斷章取義，不足取。況朱希祖於〈從征實錄序〉文，將此書喻爲「瓌寶山積，觸目燦然」，因此筆者取《從征實錄》作爲「施鄭關係之惡化」的主要依據。

註卅三：筆者認爲施郎恃才倨傲，此「才」，並非一般史籍所載的：「自樓櫓、旗幟，伍陣相離之法，皆琅啓之，然頗恃才而倨。」（鄭亦鄒《鄭成功傳》卷上。此外夏琳《閩海紀要》卷上，徐鼒《小腆紀年》，《明清史料彙編》四集第八冊、卷十七，皆有類似之記載）。其於鄭軍中所恃之才，應是指一連串之戰功，而非指樓櫓、旗幟、伍陣相離之法爲郎所啓。因爲郎於鄭軍，僅短短四年，且值成功起義之初，組織不大，成功創五梅花法等，親自訓練足矣！關於此，史籍斑斑可考：

《從征實錄》文叢本頁八六：「藩（成功）以日夜出督操練，往還殊難，命馮工官就澳仔操場築演武亭樓台，以便駐宿，教練官兵，至是告成。一日，藩在樓觀各兵陣操有未微妙者，於是再變五梅花操法，日親臨督操，步伐整齊，逐隊指示，計半月，官兵方操習如法。始集各鎮合操法，並設水師操法，俱有刻版通行。」

《海上見聞錄》頁十八：「賜姓會諸鎮兵於漳之東門外蓮花浦合操，親自教演。」及頁二五：「賜姓築演武亭於廈門港練兵。以石獅重五台斤爲的，力能挺起者撥入左右武衛親軍。皆給以雲南斬馬刀、弓箭、帶鐵面、穿鐵甲、鐵裙，用鎖鎖定，使不得脫，時謂之『鐵人』。」

註卅四：莊金德〈鄭清和議始末〉《台灣文獻》十二卷四期。

註卅五：《從征實錄》文叢本頁十四：「忠勇侯陳豹請見，告曰：『……但聞二酋已歿廣州，杜永和入瓊南矣，此去或恐不遇，而中左根本，亦難捨也……。』」

註卅六：參考張雄潮〈鄭成功對將吏的統御才略〉、《台灣文獻》十四卷二期。

註卅七：《台灣外記》卷三。

註卅八：同註卅六。

註卅九：《台灣外記》卷四。另有一說爲：「（蘇茂）

夜以小舟載郎五通去，而席藁請罪於軍門；成功赦茂而授以郎職」（《小腆紀年》卷十七）。茲從《台灣外記》。

註四十：《從征實錄》文叢本頁九八。

註四一：同上，頁一〇一。

註四二：金成前〈施琅黃梧降清對明鄭之影響〉、《台灣文獻》十七卷三期。

4／施琅與姚啓聖

第一節 閩督姚啓聖

一、姚啓聖其人

姚啓聖，字熙止，號憂菴，浙江會稽人。生於明天啓四年（一六二四），與鄭成功同年，小施琅三歲。

清廷定鼎之初，地方秩序尚未建立，啓聖遊歷至江蘇通州，土豪仗勢侮之。啓聖年輕氣盛，富於機智，向清軍帶兵的親王僞稱願盡捐家財，換取通州州事一職。既掌州印，立即下令拘捕該土豪，杖殺之，馬上棄官而去。後來，啓聖又爲營救被挾持的二個女子，殺了二個清兵而亡命江湖（註一）。順治十六年（永曆十三年，一六五九年）改名，隨族人籍隸鑲紅旗漢軍。康熙二年（永曆十七年，一六六三），旗下開科，啓聖應試得第一，授爲廣東香山縣知縣（註二）。任內計擒澳門賊首霍侶成，功成招忌，督撫誣指其密通海賊，欲置之於死地，平南王尚可喜疏陳其冤，方得救，然亦削官（註三），時爲康熙八年（永曆二十三年，一六六九）。

姚啓聖富機智，善應變，可說是「文武全才」（註四）。後來能東山再起，完全因其善於掌握機會，趁三藩之亂，而官拜福建總督之職位。

康熙十二年（永曆二十七年，一六七三）吳三桂首先起來反清，耿精忠、尚可喜等響應之，本已退守的鄭經，也趁機率軍反攻，一時南方又呈現紛亂局面。清廷只好命康親王傑書領兵南下，而被革職的姚啓聖，此時正從事貿易工作（註五），認爲時機難得，乃自動募兵捐錢，以助清軍，而得署浙江諸暨縣。康熙十四年（永曆二十九年，一六七五）以平土賊有功，升爲浙江溫處道僉事。次年勸降耿精忠，而晉升福建布政使。旋又說降吳三桂的驍將韓大任，收其步卒，得死士三千人，養爲親兵，然後遣大任招降潮州守將劉進忠（原爲耿精忠之將）（註六），立功不小，時爲康熙十六（永曆三十一年，一六七七）。

次年，退據廈門的鄭軍，再度發動攻勢，進逼泉州、漳州，清軍屢敗，退守海澄，鄭將劉國軒進圍之，僅啓聖敗鄭軍於壁鑪，康熙聞訊，責福建總督郎廷相及提督段應舉「庸懦無才，職業不修」，並解其任（註七），啓聖則承康親王推薦，升爲福建總督。

二、督閩之措施

啓聖臨危受命，在清軍節節敗退之時，上任福建總督，首要任務爲打擊鄭軍，收復失土。後鄭軍雖再度退回東寧，然啓聖卻無時不忘要打倒鄭氏政權。東寧離閩最近，固有如芒刺在背，而更重要的是啓聖看準了打敗鄭氏是他封侯拜相的踏板。因此，在其督閩任內，一切措施，無不針對鄭氏政權而發。

啓聖不僅懂得用兵作戰，更長於政略，上任第一件事，即張貼佈告，以安閩人之心，不似前任總督郎廷相，對閩人深懷戒心而不敢重用：

> 啓聖在漳，催趲糧餉，應濟軍需；忽接親王令諭，委署總督，隨擇日上任。即廣張告示，以海逆蔓延，歷有年所，漳泉何地何族，無與之爲黨者？豈可以一人而株連無辜？亟行禁除，以後不許挾怨，指稱與海上鎮營族戚以及瓜葛陷害。又搜羅人材，凡技勇邁衆，幷前從逆者，能棄邪歸正，悉委以參、遊、都、守，任管內標統兵；或就地禦侮，或隨行征勦……是以政令寬宏，百姓賴安。又計兵馬繁多，誠恐糧餉一時未至，兵食維艱；題請設爐鑄錢，裕餉便民。（江日昇《台灣外記》）。

此一措施，著實高明，兩軍對陣，民心向背往往可以決定勝負。後鄭軍攻占城邑多，兵力不夠乃征調當地鄉勇充軍，爲防其脫逃，而移其眷口過台安插，此舉固可應急，且可充實東寧人力，以達寓兵於農之策，然老百姓安土重遷，因而抱怨不已。再則因軍需匱乏，遂重科民間，老百姓苦不堪言。鄭氏與啓聖的措施相較，成截然對比，已決定後來鄭軍再度敗退東寧之命運。

啓聖上任，並未能解海澄之圍，受圍八十餘日，終爲鄭將劉國軒攻下，清提督段應舉、副都統伯穆黑林自縊，啓聖聞訊，調回援海澄兵馬，以守漳州。

鄭軍乘勝進占漳平、長泰、同安、南安、惠安、安溪、永春、德化諸縣，並進圍泉州，然因清軍四集，鄭軍則兵力分散，衆寡不敵，乃解泉圍，轉攻漳州。啓聖親率軍與清將賴塔夾擊之，鄭軍欲振乏力，退守海澄，原屬諸邑又爲清軍所占。

海澄三面環海，形勢險要，扼守之，可以屏蔽金、廈諸島，鄭軍築塹高數丈以守，堅不可拔，啓聖無奈，改採招撫之策，爲經所拒（註八），遂再嚴遷界之令（註九），上至福寧，下至詔安，沿海築寨，置兵防守，並築界牆，以截內外，濱海數千里無復人煙，時爲康熙十七年（永曆三十二年，一六七八）十二月。

遷界終非良策，也非長久之計，爲根除鄭氏此海邊險要據點，啓聖煞費苦心，首先請復設水師提督，又接受幕僚黃性震之建議，開修來館於漳州，收納來歸將士：

> 來降者，無眞僞，胥善待之；夏屋美衣，車馬僕從，炫耀街衢。由是海上諸黨多潛來歸順……分別授以官，可用者竟實用之，至者如歸，皆大喜過望。得海上間諜，悉不殺；厚賜之，恣其來往，即用以偵海上事。凡敵人舉動，罔不智者。視島中良將及所信任腹心有才幹智謀者，或大書其官爵、姓氏，標之公館，飭備供應；偵者以爲實然，輒陰報海上，疑而殺之。由是賊人自相疑貳，來歸者日益衆（註十）。

此種利誘、分化政策，收效頗著。當年（康熙十八年，永曆三十三年，一六七九）來降者，據聖祖實錄記載，先後有總兵廖琠、黃靖、陳士愷、鄭奇烈、紀朝佐等率士卒降清（註十一），共士卒三萬餘人，官員五百多人，加上軍器、船隻的損失，對鄭軍言，打擊甚大。啓聖則訓練此批降卒，使成爲清廷水師，清軍因而增加二萬多人的兵力（註十二）。

●閩南地區曾於三藩之亂時，爲鄭經佔有（劉還月／攝影）。

此外，買通間諜擾亂鄭軍，亦爲啓聖重要策略。康熙十八年（永曆三十三年，一六七九）五月，康親王傑書從中書蘇鑛建議，派員與鄭經談判，經派賓客司傅爲霖回報，和議未果，爲霖卻爲啓聖所籠絡，《台灣外記》卷八記之：

（啓聖）見爲霖應對便捷，加禮相待，且惜其才而不爲世用，執手戀戀，餽贈甚隆。爲霖感激，亦恨其不能執鞭隨鐙也。

爲霖後成爲啓聖內應。康熙十九年（永曆三十四年，一六八〇年）援剿前鎭施明良（原名施亥，後改名施鳳，又改名明良，施琅之從子），副將施世澤（原名施齊，施琅之養子）與清將喇哈達密通，欲劫鄭經，明良知爲霖已爲啓聖收買，欲結爲黨羽，遂薦之於鄭經云：「（爲霖）胸藏經略，有國士風，豈但堪爲使者，不辱君命而已。」（《台灣外記》卷八），鄭經因而親信爲霖。未幾，事發，爲霖恐受牽累，而道出明良、世澤等與清暗通之事。明良、世澤二人處斬，其家屬七十餘人皆沈於海（註十三），爲霖則仍暗與啓聖密通。康熙二十年（永曆三十五年，一六八一）並與陳典煇、高壽、蔡愷及朱友，歃血結盟，計劃清兵攻台時，以爲內應，此計劃雖爲朱友出賣而未果（註十四），然已影響鄭氏軍心士氣矣。

啓聖的分化、利誘、招撫促使鄭軍日蹙。繼之，水師提督萬正色以水師進功海壇，吳興祚率陸師援於沿海。鄭將林陞、朱天貴等迎戰，天貴所向無敵，俄因海風大作，正色攻兵入泉州港。因興祚之陸師密布沿海，鄭軍無處灣泊，無所取水，乃退泊金門之料羅。駐守思明（廈門）的鄭軍聞訊，疑爲戰敗，加上糧餉匱乏，人心騷動，遂棄海澄及石碼、三义河、果堂等十九寨。鄭將馬騰龍又以汭洲降清，汭洲距思明僅咫尺之遙，不啻門戶，鄭經聞報，認爲勢已無可挽，攜珍玩金銀，棄金、廈二島而東返（註十五），時爲康熙十九年（永曆三十四年，一六八〇）二月。距啓聖出任福建總督，不過二年，可見啓聖策略運用之成功！

鄭經利用三藩之亂所佔閩南地區再度易手，固與鄭經識器不足有關，而啓聖使用各種招撫、分化手段，亦爲主因。儘管離間、誘降策略本爲清廷對付鄭氏政權的一貫作法，但綜觀歷任福建總督，眞能徹底執行，且有顯著成效的莫過於啓聖督閩期間（參見八五頁附表），置「修來館」，更網羅不少鄭氏將卒，打擊鄭氏甚大。更可言，若非啓聖苦心經營，鄭氏反攻勢力，不至如此迅速退回東寧。

鄭經退返東寧，啓聖仍不肯稍事放鬆，鑑於清軍拙於海戰，而屢次上疏保薦琅，欲借其力平台，以達其己身立功封侯之願望！

第二節　施琅復出

自康熙四年（永曆十九年，一六六五），琅率兵東指，阻風而返，旋調爲內大臣，於北京閒散十多年，潦倒不堪，甚至靠妻妾變賣飾物，做女紅維持家計，自忖此生休矣！怎料東寧政局的不安，使其年屆花甲，復有再起機會！

一、東寧政變

鄭經性本柔懦，怠於政事。康熙三年（永曆十八年，一六六四）棄銅山，退守東都，次年委政陳永華，永華以諮議參軍，兼領親軍勇衛，集政權、軍權於一身，此爲大權旁落之始。康熙十三年（永曆二十八年，一六七四）鄭經率軍西征，永華留守東寧。西征期間，政務委諸侍衛馮錫範與贊畫兵部陳繩武。多年征戰，大將劉國軒立功不少，又與錫範等人長期在外相處，形成「西征派」（註十六）。留守的陳永華則於康熙十八年（永曆三十三年，一六七九）以「元子年登十六，聰明特達，宜循『君行則守』之典，請元子克𡒉監國。」（《台灣外記》卷八），經從其請。永華遂佐克𡒉監國。克𡒉爲永華女婿，處事剛方果決，頗有乃祖風範，諸鄭及錫範等人深忌之。及康熙十九年（永曆三十四年，一六八〇），鄭軍棄金、廈，退返東寧，西征派與留守派形成尖銳對立，永華兵權爲錫範所奪，悒快以歿。鄭經則縱情聲色，更加荒怠，仍委克𡒉監國，未幾亦病卒。克𡒉勢孤力單，加上行事方剛，諸叔皆不滿，錫範遂聯合諸鄭，以克𡒉非嫡出（註十七）爲由，發動政變，弒之。擁立經次子克塽（年僅十二歲）嗣延平王位。克塽爲錫範女婿（註十八），由其叔鄭聰爲輔政

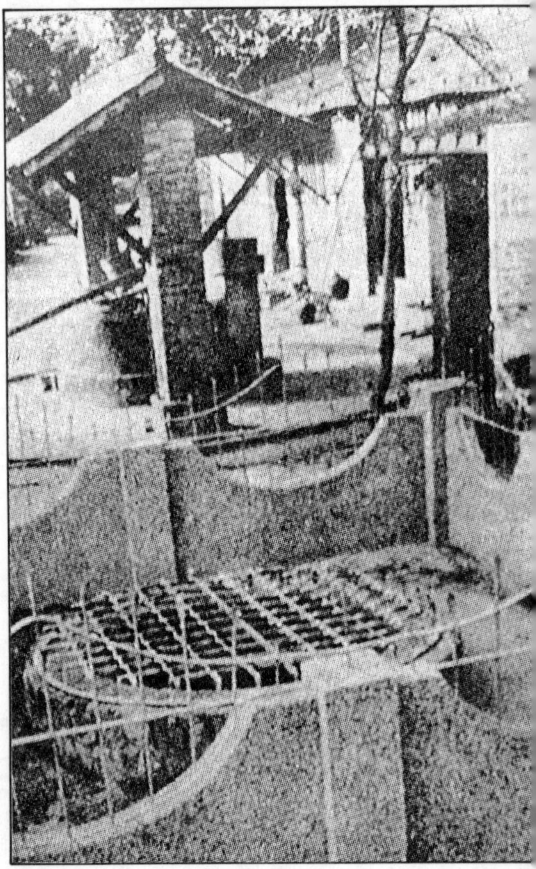

●鄭經本性柔懦，縱情聲色而有東寧政變的發生（圖為鄭經井）。

公。錫範、國軒則以擁立之功，分別封為忠誠伯、武平侯，掌握軍政實權（註十九）。時為康熙二十年（永曆三十五年，一六八一）二月。

經卒，克𡑒被弒，克塽幼弱，奸臣弄權，東寧政局不穩，隔岸虎視眈眈的啓聖遂獲可乘之機！

二、啓聖四度薦琅

康熙七年（永曆二十二年，一六六八）施琅內調，裁福建水師提督一職。至康熙十六年（永曆三十一年，一六七七）五月十七日，才由黃芳世襲海澄公兼領福建水師提督總兵官（註二十）。

康熙十七（永曆三十二年，一六七八）鄭軍進攻漳州，啓聖帶兵救援，見黃芳世不知兵，為國軒大敗於水頭山，深感水師提督亟須得人，而向康親王傑書保舉琅（註廿一），未果。此啓聖第一次薦琅也。

未幾，鄭軍劉國軒佔有閩南諸地，淸廷將閩督郎廷相、提督段應舉解任，改以姚啓聖督閩，吳興祚爲福建巡撫，楊捷爲福建提督。捷就任即上疏，以「今日水陸俱在用兵，有萬難兼顧之勢」，請「循照舊制，特設專員，令其統轄沿海兵將，調度水戰」（註廿二）。八月十八日得旨，由楊捷專轄路兵，而命總督、提督、巡撫遴選保奏適當的水師提督人選（註廿三）。因水師提督海澄公黃芳世戰敗於水頭山，抱病月餘而亡（註廿四），啓聖乃再度推薦琅（註廿五），不從，同年十一月二十六日調京口將軍王之鼎任之（註廿六）。

之鼎上任不久，即以不識水戰，請辭。康熙十八年（永曆三十三年，一六七九）四月間，由萬正色出任福建水師提督，統轄全閩水師營務，以專職掌（註廿七）。啓聖乃於同年六月密題上疏，再一次保薦琅。時萬正色已出任福建水師提督，遂於七月，會同巡撫吳興祚、提督楊捷合疏密奏，建議由琅以靖海將軍名義，總統水師事務，以收將軍、提督得人之效；或移調萬正色爲廣東水師提督（註廿八）。啓聖之力薦施琅爲福建水師提督，誠煞費苦心也。啓聖爲何如此一而再的保舉施琅呢？此可由其奏疏略見端倪：

目下剿賊平海，全賴水師提督一官。今陸路既不能衝擊矣，如水師戰勝，賊首敗走台灣，如水師不勝，賊仍盤踞廈門，是總督、巡撫、陸路提督不過相助爲理，而決勝成功，實水師提督一人任也……臣思今日在外諸臣，且不必問其才幹之有能與不能，要先看其遇事之肯任與不肯任；亦不必問其行事之克濟與不克濟，要先看其心力之肯盡與不肯盡，而大概定矣。臣任藩司時，聞知原任水師施琅威名，鄭錦（經）畏之如虎，所以鄭錦將施琅之子齊舍（即施齊也，爲琅之養子，降明鄭後，易名爲施世澤，授爲女宿鎭，閩督姚啓聖保題琅爲水師提督，引嫌解職，康熙十六年（永曆三十一年，一六七七）鄭軍棄守漳、泉時，降清。及鄭軍復海澄，又降鄭氏，授爲監督一職）與姪亥舍（即施亥也，琅之從子，降明鄭後，授爲亢宿鎭，改名施鳳，未幾，又改爲施明良，升爲援剿前鎭（註廿九））給以官爵以羈縻之。通省之鄉紳、

> 舉貢生員、文武兵民、黃童白叟，萬口同聲，皆知其堪任水師提督也。

琅有統水師之才能，更與鄭氏有殺父亡弟之深仇大恨，必會竭盡心力以打擊鄭軍。如此，平鄭之舉必可指日而待。而啓聖的保薦之功，亦必可使其達成立功封侯的願望，況且「勝則分功，敗則諉過」（註三十），百利而無一害，啓聖薦琅的目的在此！後琅雖出任水師提督，終因個性強烈不任啓聖隨意擺佈，彼此意見衝突而告決裂，啓聖之預期遂告落空！

啓聖三次保薦施琅，清廷爲何一直未採納？後來又爲何改變態度而起用之？此或與施琅養子施齊（後改名施世澤）及姪兒施亥（後改名施明良）投降明鄭，且任職於明鄭有關。清廷不敢取信於琅，也就難委以平鄭之重任，齊、亥雖密通於清寧海將軍喇哈達，但當時不乏投機份子，又如何肯定此二人是否眞心歸向。直到康熙十九年（永曆三十四年，一六八〇）二月，欲刼鄭經降清之計謀敗露，齊、亥被斬，清廷方視琅與明鄭再無瓜葛，甚且加上一層殺子、姪之恨，値得信任且可重用，琅始有復出機會。

未幾，鄭軍退返東寧，經病卒，西征派發動政變，弒克壓，政局不安，使啓聖認爲是東進最佳時機。遂於康熙二十年（永曆三十五年，一六八一）五月，會向巡撫吳興祚等疏報：

> 本年（康熙二十年）四月二十二日，據舉人黃金從呈繳僞官傅爲霖密稟，內開僞藩於正月廿八日病故，三十日縊死其監國長子欽舍，二日初一日立泰舍，叔侄相猜，文武解體，主幼國疑，時不可失等情……又據龍溪縣送到僞官廖康芳稟稱相同。俱與臣等密探相符。此迺天亡之時……（註卅一）。

六月七日得旨：「鄭錦旣伏冥誅，賊中必乖離擾亂，宜乘機規取澎湖、台灣。」（註卅二）。

啓聖乃第四度保題琅。大學士李光地也力薦之（註卅三）。琅遂於康熙二十年（永曆三十五年，一六八一）七月二十八日出任福建水師提督，奉命「前往福建，到日，即與將軍、總督、巡撫、提督商酌，剋期統領舟師進取澎湖、台灣。」萬正色則改任陸路提督（註卅四）。

第三節　施姚爭執

一、爭執之形成

康熙二十年（永曆三十五年，一六八一）七月二十八日，施琅受任爲福建水師提督。十月初六日至閩抵任（註卅五）。咨會啓聖修造戰艦積極備戰，並急求瞭解台、澎情形及習於海道者，而得經常貿易海上，「往來東西洋，盡識其風潮、土俗、地形險易」（註卅六）的陳昂（註卅七）。

陳昂同安高浦人，其母居廈門。昂從東寧返閩，琅知悉，急召入密室詢問之：

昂（昂）詳陳「鄭經已死，長次爭立，權臣執政，悍將恃威。自聞大老爺（施琅）奉旨出京，兵士莫不膽戰心寒。」

琅曰：「彼胡得知之速也？」

昂（昂）曰：「八月十五日御筵寵召之日，都門偵者星馳膠州，快哨飛報。業於九月初一日劉國軒已知矣。」

琅曰：「狡賊伎倆，可謂精細。如今作何防範？」

昂（昂）曰：「將所有熕船、戰艦一概修整。鎮將有眷口者，皆移於安平居住，令其統兵來澎禦敵。其無眷口者，撥守不緊要地方。且年情欠收，米貴如珠。災異頻見，訛言肆起，大兵一臨，澎湖可取。若得澎湖，則台灣自危矣。」又畫澎地形勢呈上。

琅曰：「彼將可灣泊之處設立炮台，我師豈不艱於停泊收䑸？」

昂（昂）曰：「劉國軒必緊守娘媽宮、東西峙、內外塹諸嶼；至於八罩、花嶼、貓嶼等雖有哨船，亦是無幾之兵。大兵一至，彼必自走，則任我們寄椗收䑸。」

琅曰：「宜用何風信？」

昂（昂）曰：「澎坐東北，當用西南風可去。」

（註卅八）。

此番談話，肯定二點：

其一，鄭氏政局不穩已達枯朽地步，一戰摧拉，即可使之崩潰。

其二，瓦解東寧，須先取澎湖，要取澎湖，當乘南風而進。

基於前者的認識，權力慾望極高的琅豈肯將此立功封侯之機會，分享別人。啓聖又以「舉主」姿態出現，處處欲加干涉，琅豈肯輕易受制，遂極欲擺脫，上任不久即上疏：

督、撫均有封疆重寄，今姚啓聖、吳興祚俱決意進兵，臣職領水師，征剿事宜理當獨任。但二臣詞意懇切，非臣所能禁止。且未奉有督、撫同進之旨，相應奏聞。

然得旨：

總督姚啓聖統轄福建全省兵馬，同提督施琅進取澎湖、台灣，巡撫吳興祚有刑名、錢糧諸

●施琅欲瓦解東寧，故先取澎湖（劉還月／攝影）。

務，不必進剿（註卅九）。

琅之願望未能達成，次年乃又上「密陳專征疏」。

基於後者的認識，琅更堅定趁南風進攻的決心。十多年前，琅乘北風率軍東指，途遇狂風，船隊飄散，無功而返。康熙疑其有貳，將其內調，在北京閒散十多年。因此，對乘北風而進深懷戒心，又無法斷然決定乘南風進襲。及聽陳昂陳述，即堅定其乘南風而進之信心。啓聖卻主張乘北風而進，所持理由：

> 澎湖之南可泊舟者惟娘媽宮耳。使賊固守，未能猝下，我軍進退且失據。若其北澳甚多，進退皆可依。澎湖下而台灣潰矣。且盛夏多颶風，尤宜擇地（註四十）。

琅爭功攬權的欲望，加上施姚征台意見之衝突，乃形成往後之明爭暗鬥！

二、南風北風與主戰主和

琅爲要擺脫啓聖干擾，以取得獨立統帥權，與李光地密議（當時李光地正好請假送母回閩），遂決定密請專征。康熙二十一年（永曆三十六年，一六八二）三月一日上「密陳專征疏」（註四一），指陳北風不可用：

> 設我舟師到彼，必由過澎湖西嶼頭，然後轉帆向東北而進。正值春夏之交，東北風爲多，我船盡是頂風頂流，斷難逆進。賊已先站立外蔪內蔪，接連娘媽宮，俱居我上風上流禦敵，其勢難以衝擊取勝。

而提出主張趁南風進攻之理由：

> 就夏至南風成信，連旬盛發，從銅山開駕，順風坐浪，船得連綜齊行，兵無暈眩之患，深有得于天時、地利、人和之全備。逆賊縱有狡謀，斯時反居下風下流，賊進不得戰，退不能守。澎湖一得，更知賊勢虛實，直取台灣，便可克奏膚功。

並批評啓聖「生長北方，雖有經緯全才，汪洋巨浪之中，恐非所長」，最好令其「駐廈門，居中節制」，而由琅「專統前進」，最後推薦親信吳英、林承等人。此密疏投進後，留中。

至五月間，琅見船隻業已齊備，遂咨請啓聖至銅山，欲乘南風進取澎湖，啓聖堅持乘北風，雙方意見之衝突乃趨白熱化，琅向啓聖力爭十餘天，未果，進剿之事只得延期。

未幾，琅接邸報，讀將軍喇哈達疏，內有「提督稱南風不如北風」之句，遂上「決計進剿疏」，再度闡明其主南風之因由，並上陳為了證實乘南風進襲的可行性，曾於六月間遣董義、曾成等率兵駕船往探澎湖情形，結果來去無阻。且二度批評啓聖不習水戰：

督臣滅賊之念實切，惜乎生長北方，水性海務，非其所長，登舟之際，混心嘔吐，身體維艱，所以前疏「密陳專征疏」懇留督臣居中調度，蓋為此也（註四二）。

又言，已挑選精兵二萬、大小戰船三百號，儘可破賊，請勿限時日，風利即行，以攻其不備。疏上，同年十月六日得旨：

進剿海寇，關係緊要。著該督、撫同心協力催趲糧餉，勿致遲疑。前姚啓聖具題功罪定例，交與施琅遵行……施琅相機自行進剿，極為合宜（註四三）。

琅遂取得專征之權。十一月三日移師平海，候風進發（註四四）。時值冬季，北風盛行，欲乘南風，只有待諸明年。

彼此意見無法協調，琅又屢次自請專征，使啓聖深覺保舉之失策，及琅奉旨專征，卻阻風無法成行，啓聖遂趁機再度努力。若「主戰」，一定得借助琅之力，但琅已不與合作，即使征台成功，能否分享已成問題，倒不如趁此機會改行「招撫」，若能成功，則封侯拜相之榮即不虞為琅所奪，一向「主戰」之啓聖遂一變而「主撫」。十二月，派遣國軒舊好的革職副將黃朝用前往東寧招撫，許「不削髮，只稱臣納貢，照高麗、朝鮮事例。」（註四五）。

琅見啓聖派人招撫東寧，遂於康熙二十二年（永曆三十七年，一六八三）正月二十一日上「海逆形勢疏」，強調「主剿」之必要，不宜少寬，自解賊危，否則一、二年後賊勢復張，必更費力。

黃朝用見劉國軒、馮錫範等猶豫不決，遂辭回，鄭克塽乃採國軒之議，令天興知州林良瑞，改名林珩加總兵，隨黃朝用至閩以探船隻虛實，途經廈門，致書請見琅，為琅所拒（註四六），遂往福州見啓聖。總督啓聖、將軍喇哈達與巡撫金鋐待之以禮，且會疏題報清廷，另知會琅，琅覆以「奉旨專征，撫不敢主，如果有眞誠向化，當必遵制削髮。」（註四七），啓聖等見琅不同意，亦不敢擅自決定，至此，姚施之間不但有「北風」、「南風」意見之爭執，更加上「主撫」與「主剿」看法之相背。

陸路提督萬正色則贊成「主撫」，而與啓聖合疏「主剿」之戰略有「三不可行」：

一曰、十年生聚，十年教養；況於數十年之積寇乎？二曰、汪洋萬頃之隔，波濤不測。三曰、彼船隻堅牢，水務精熟……（註四八）。

琅見「主撫」者衆，乃於同年四月十六日上「海逆日蹙疏」，再度重申趁南風進剿之決心。

此次招撫，終因姚施「撫」、「剿」意見不合而未果。至五月二十三日，康熙趣琅進兵（註四九），而爆發六月間澎湖之役。然姚施間之爭功奪權，並未因此而告終。

三、澎湖戰後琅攘功

澎湖之役，國軒敗歸東寧，啓聖聞訊即「遣吏卒以大艑運金繒貨米，旁午來軍，且諭烺（琅）曰：『凡降卒皆大賚而遣之歸，以攜台人之心』。」（註五十），此固然因爲啓聖奉有「催趲糧餉」之旨，最主要實是藉此機會欲挽回與琅交誼。至少，澎湖會戰已勝，若能與琅維持較好關係，對其政治前途自有益處。惟對琅並未產生多大效果。未幾，即因遣使招降再度發生糾紛。

啓聖運大批金繒貨米，以賚降卒，又遣幕僚黃性震以招國軒，國軒以書密報啓聖，但不肯遽降，性震故洩其書，東寧君臣因而互相猜疑。國軒懼，遂主張降清，又值琅遣回國軒坐營中軍曾蜚來說，許保題國軒實缺總兵，國軒遂決意投降。乃於閏六月八日遣禮官鄭平英、賓客司林惟榮等到澎湖請降，惟要求仍居台灣，承祀祖先，照管物業。琅未答應，反提條件，若果眞心投誠，必須劉國軒、馮錫範二人前來軍前投降（註五一）。於是重修降表（註五二），於七月十五日由國軒胞弟國昌及錫範胞弟錫韓等送到澎湖，琅遂於次日（十六日）遣侍衛吳啓爵、六品筆帖式常在帶安插告示五張前往曉諭（註五三）。十九日始抵東寧，次日（二十日）總督姚啓聖、巡撫金鋐遣使候選同知林昇、官頭鄭

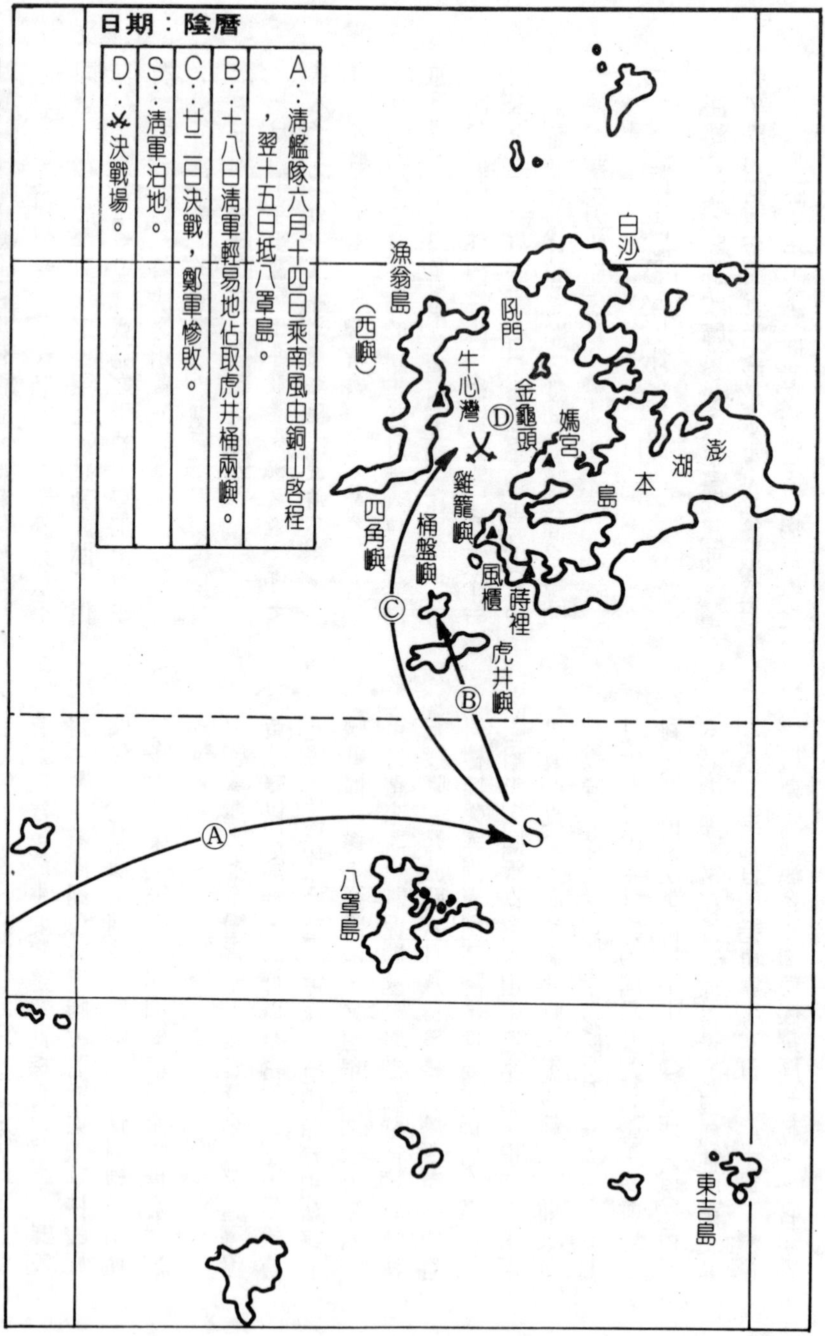

●澎湖之役結束明鄭，施琅終於一恥前仇。

瑞生，遊擊孫熙亦至。(明鄭遞第一降表時，琅會咨送啓聖，啓聖除疏報外，並遣林昇等至東寧招降，因阻風，於此時始至) 琅對於啓聖逕遣使者前往東寧招降，而未到澎湖知會之舉，十分不滿，於七月二十九日上「賚繳冊印疏」，稱之「有輕國體而貽笑于逆衆者乎！」

招降納叛原屬督、撫之責，琅欲專其功，不先知會啓聖及金鋐，逕派吳啓爵、常在赴東寧(註五四)，卻反責啓聖未至澎湖知會，琅欲專功之企圖，至爲明顯！

七月二十七日鄭克塽將降表一道、延平王冊一副、印一顆及輔政公鄭聰、武平侯劉國軒、忠誠伯馮錫範、左武衛將軍等印四顆，命副使劉國昌賚送北京。依照體制，招撫之事應由總督主持，然琅豈肯由啓聖專功於前，又恐啓聖有所異議，遂將降表、印、冊移請啓聖主稿題奏(註五五)，啓聖不疑有他，實則琅已暗自另繕一疏——「賚繳冊印疏」密屬吳啓爵、常在兼程由海道送至北京。啓聖則以飛騎由內地入奏，遲琅二日(註五六)，靖台首功遂歸琅矣。加授靖海將軍，封爲靖海侯，世襲罔替。而啓聖遂因功不及己，於是年底抱鬱以終！

第四節　施姚恩怨之檢討及平台首功的評斷

一、施姚恩怨之檢討——姚失當施亦忘恩

施姚恩怨錯綜複雜。首先就啓聖薦琅一事言，啓聖於琅有恩乃爲不爭之事實。然其欲利用琅、控制琅的動機，則欠純正。難怪琅極欲擺脫，而屢次上疏批評啓聖生長北方，不習水戰，極思取得獨立的統帥權，此種做法也未免太過火，難免有忘恩負義之嫌。況且於康熙二十一年（永曆三十六年，一六八二）得旨（由提督施琅負責專征，總督、巡撫則負責催趲糧餉）後，啓聖即上「夾擊台灣疏」：

……臣等見欲取台灣，勢必先取澎湖。然止靠此一路進兵，風浪順逆利鈍，尚未可知，密探台灣幅幀，上至上淡水，離福州之定海僅四更天船；下至下淡水，離廣東之南澳僅九更天船，此台灣之袤延長闊如此也。內多土番，半歸海賊……臣等若攻尅上淡水，則恩撫土番，結陣而進。如能直抵台灣，則澎湖進兵，易於取勝；即不能，而中途遙應，深入賊後，亦可以塞賊之膽而壯我兵之威……臣欲同撫臣先進兵淡水，安布已定，而後飛棹圍頭，復與提臣進兵……臣等請示兵夾擊者，出奇之勝策……如過此冬月後，即不能再攻淡水，然二臣各統捐兵助戰，或合攻以壯軍聲，或分途以亂賊心，

亦未必於提臣無小補也。

可見對於進襲東寧，啓聖主張夾擊，而琅則欲專征以獨得功勞。

再就南北風之爭言，琅主南風，啓聖主北風，各述其理，後來竟演變成意氣之爭，互拒對方意見，遂加深彼此間之裂痕！

台灣海峽的季候風，冬夏不同，冬季即十月到隔年五月，盛行的是東北季風；夏季即六月至九月，則吹西南季風，而在五、六月與九、十月之間，由於冬夏季風的轉變，各有一段短時間的無風期。啓聖主張乘北風進攻，即欲利用九、十月間的無風期，與琅欲利用五、六月間的無風期，目標本一致。且十月北風盛行，馬公以外的澎湖各港（馬公港朝南）可任意停泊，不致如琅乘南風而住，一戰失利後，必須在險惡的八罩島停泊。當然北風猛烈，船隊易飄散，行動較困難，時間稍有錯失，所冒危險就很大（註五七）。不管乘南風或乘北風，各有利弊。只因琅曾受北風之害，不肯贊同啓聖主張。及琅率軍東指，於第一次會戰後，退困八罩，啓聖自甚得意：「不用吾言，竟何如矣！」（註五八），此番話傳到施琅的耳朵後，當然更加深他對啓聖的不滿！

總結施姚間之恩怨，雙方皆有不當之處。啓聖不該欲利用琅作爲立功封侯之踏板；琅也不應忘恩負義極欲攘功奪權！

二、平台首功的評斷
——兩人各有其貢獻

啓聖督閩期間的一連串措施，如運用各種離間、分化、招降之策略，甚至屢次薦琅，無非要打倒鄭氏政權以達其高陞之願望。其所花之心血，可謂「荷蘭一片土，夙夜魂魄所經營」（註五九）。鄭氏反攻時所佔地區即因此被其步步逼回澎、台。鄭軍倘能固守金、廈，甚至以海澄爲其國防前哨站，則康熙二十二年（永曆三十七年，一六八三）琅欲一舉下東寧，甚不可能。換言之，有啓聖長期擘劃，才有琅一戰平台之舉。然退一步言，若非琅之善水戰，則啓聖苦心之經營未必有效。二者之力相成，各有千秋。只因後來靖海侯之封爲琅所得，難免有人要爲啓聖叫屈，最具代表性者即全祖望撰之「姚公神道第二碑銘」（註六十）。

琅報捷行徑未免有攘功之嫌，然須給功勳完全取決於皇帝，若康熙不欲授予，琅再如何爭功亦將徒勞。施姚間之爭執、恩怨，康熙未必不知。只因啓聖在閩深得民心擁戴（註六一），勢力甚大，爲帝所忌，急需培養制衡力量，總督與提督間之衝突，遂爲其利用（註六二），乃支持琅以壓抑啓聖，給予琅專征之權，採納乘南風而進之意見，甚至授予平台首功——靖海侯之封。於此情形下，啓聖的長期擘劃、苦心經營，遂付諸流水！

若要論定平台首功，高拱乾撰《台灣府志》卷三〈秩官志〉名宦條，將施琅列爲「開拓勳臣」第一位，將姚啓聖列爲「定謀推轂」第一，允稱公正而合理之評斷，誠如施偉青於《施琅評傳》一書中，所言「瑕不掩瑜，我們不必去褒此貶彼，而應當充分肯定他們兩人對平台靖疆的巨大貢獻。」（註六三）

附註

註　一：王源《姚少保啓聖傳》、百部叢書集成之九十四畿輔叢書第四十六函、《居業堂文集》。

註　二：《國朝耆獻類徵初編》卷一百五十九、疆臣十一〈姚啓聖國史館本傳〉。

註　三：《國朝先正事略》、《近代中國史料叢刊分類選集》丙集第七七輯卷九、〈姚熙之尙書事略〉。王源《姚少保啓聖傳》亦有類似之記載。《國朝耆獻類徵初編》姚啓聖《國史館本傳》，則云：「（康熙）八年，以擅開海禁，罷任。」

註　四：蘇同炳《台灣今古談》頁五三。

註　五：《國朝耆獻類徵初編》卷一百五十九：「香山革職後，貿易七年，頗積微貲。」

註　六：同註一。

註　七：《清聖祖實錄》卷七十三、康熙十七年五月己酉條。

註　八：參閱《台灣外記》卷八及《國朝先正事略》卷九。

註　九：沈定均《漳州府誌》卷四十七、災祥。

註　十：藍鼎元《鹿洲初集》、《近代中國史料叢刊續編》第四十一輯卷七、《黃太常傳》；《漳州府誌》卷四十七、也有類似之記載。《台灣外記》

卷八則云：「文官投誠，即以原銜題請，准照職推補武官投誠，一面題請換箚，一面保題現任。兵民如果頭髮短者，每人賞銀二十兩，願入伍者，立撥在營，給予戰餉，願歸農者，立送回籍，飭府縣安插，不許豪強欺淩，宿怨報仇。且有以先長頭髮投誠領賞者，嫖賭已完，逃出，復以短頭髮投誠領賞者，且有一種屢以短髮投誠者騙賞，給賞者識之，白啓聖。聖曰：『非誑爾銀，他肯來就好。若責一人，則堅彼逃回之心也。』賞而不問。以此，投誠者絡繹相繼。」

註十一：《清聖祖實錄》卷八十、康熙十八年三月甲寅條、四月壬午條、四月癸未條及卷八十五康熙十八年十月乙丑條。

註十二：全祖望《鮚埼亭集》卷十五「太子少保兵部尚書兼都察院右都御史總督福建世襲輕車都尉會稽姚公神道第二碑銘」（以下簡稱「姚公神道碑」）。

註十三：中研院史語所《明清史料》丁編第三本、福建總督姚疏稿。及《台灣外記》卷八。

註十四：《台灣外記》卷九。阮旻錫《海上見聞錄》卷二及夏琳《閩海紀要》卷下、皆有類似之記載。惟沈雲《台灣鄭氏始末》卷六則云：「姚啓聖計誘行人傅爲霖殺之，以忠謀鄭氏故也。」

註十五：《閩海紀要》卷下及《台灣外記》卷八。

註十六：郭廷以《台灣史事概說》頁八三。

註十七：盛清沂、王詩琅、高樹藩《台灣史》頁二三四，對克塽非嫡出有詳細之考證，茲從之。

註十八：另有一說，稱克塽爲錫范甥。而郭廷以著《台灣史事概說》認爲此說法誤也。茲從之。

註十九：「東寧政變」一段所參閱史料包括《閩海紀要》卷下、《海紀輯要》卷二、《台灣外紀》卷六、卷八、卷九及連雅堂的《台灣通史》卷廿一。

註二十：《清聖祖實錄》卷六十七，康熙十六年五月壬辰條：「卿（黃芳世）父子功烈素著，復全家殉難，每念及此，朕心深爲傷悼！況卿由粵東進剿，忽遭廣省兵變，孤自涉險而出，可見忠貞不貳，顛沛不改其守。今仍襲海澄公、鎮守福建水師提督總兵官。」

註廿一：姚啓聖《憂畏軒奏疏》卷三，轉引自台灣銀行經濟研究室、清代官書記明台灣鄭氏亡事（原名《平定海寇方略》，內閣檔案尋出），文叢本一七四種卷三，朱希祖所作之序。朱序引了康熙十八年六月姚啓聖奏疏全文及康熙十八年七月奏疏的部份文字，筆者爲尋姚啓聖「憂畏軒奏疏」而遍訪國內各大圖書館，均未獲見。故只能轉引朱序的姚氏奏疏。此奏疏對施姚恩怨或有所透露，惜哉未見！

註廿二：楊捷《平閩紀》、文叢本九八種卷一「水師請設等事疏」。

註廿三：《清聖祖實錄》卷七十六，康熙十七年八月丙戌條。

註廿四：《海上見聞錄》卷二。

註廿五：《台灣外記》卷八：「啓聖以平海非老宿諫練水務者不可，今黃芳世已死，水師提督缺現空懸，苟非其人而任之，難以奏膚功。因查歷任志切平海者，惟有施琅，現在京爲內大臣，當此任，非琅不可。」《閩海紀略》頁五七也有類似之記載。

註廿六：《清聖祖實錄》、卷七十八，康熙十七年十一月癸亥條。

註廿七：同上、卷八十，康熙十八年四月戊辰條。

註廿八：同註廿一。

註廿九：張菼《鄭經鄭克塽紀事》、《台灣研究叢刊》八六種，頁一三六。

註三十：蘇同炳《台灣今古談》。

註卅一：彭孫貽《靖海志》卷四。

註卅二：《清聖祖實錄》，卷九十六、康熙二十年六月戊子條。

註卅三：李清植纂〈李文貞公（李光地）年譜〉，收於《榕村全集》第十九冊：「（康熙）二十年，公（李光地）四十歲，秋七月薦內大臣伯施琅提督水師專平海事……施公遂蒙任用。」施李相識於北京，此見於李光地著《榕村全集》卷十三、施怡園（施琅六子，即施世驃）五十壽序：「余（李光地）始識施先侯（施琅）於京師，維時島嶼未靖……。」此爲琅於北京潦倒十餘年惟一之收穫。後來，光地曾與琅談及順治十六年（永曆十三年，一六五九）鄭成功率軍北伐一事，乃知琅深悉兵略（見於《榕村全集》卷三十三〈施將軍逸事〉），而於康熙二十年（永曆三十五年，一六八一）得知鄭經卒，子少國亂，遂薦琅。

註卅四：《清聖祖實錄》、卷九十六康熙二十年六月戊子條。

註卅五：施琅《靖海紀事》卷上、「海逆日蹙疏」。

註卅六：錢儀吉編《碑傳集》、《近代中國史料叢刊》第九十三輯卷十五、〈康熙朝功臣〉下，方苞撰「廣東副都統陳公昂墓誌銘」。

註卅七：陳衍《福建通志列傳選》、文叢本一九五種卷三〈陳進傳〉後之按語：「同安陳昂、道光志誤作昂。」

註卅八：《台灣外記》卷九。

註卅九：《清聖祖實錄》卷九十八、康熙二十年十月丙午條。

註四十：《鮚埼亭集》卷十五、姚公神道碑。

註四一：《靖海紀事》卷上「密陳專征疏」。此疏范咸《重修台灣府志》、文叢本一〇五種卷二十、〈藝文〉㈠。及余文儀《續修台灣府志》、文叢本一二一種卷二十、〈藝文〉㈠皆收之，然題爲「密陳航海進勦機宜疏」。

註四二：《靖海紀事》卷上、「決計進勦疏」。范咸《重修台灣府志》卷二十、藝文㈠及余文儀《續修台灣府志》卷二十、藝文㈠亦收之。

註四三：《清聖祖實錄》、卷一百零五、康熙二十一年十月己卯條。又中研院史語所編、《明清史料》戊編第一本、〈康熙年記注殘冊〉記載較詳。

註四四：《靖海紀事》卷上、「舟師北上疏」。

註四五：《台灣外記》卷九。

註四六：《靖海紀事》卷上、「海逆日蹙疏」。

註四七：同註四五。

註四八：同上。

註四九：《清聖祖實錄》卷一百零九、康熙二十二年五月甲子條。

註五十：《鮚埼亭集》卷十五、「姚公神道碑」及趙爾巽《清史稿清代史料彙編》卷二六六、列傳四七〈姚啓聖〉皆有類似之記載。而以杜臻《澎湖台灣紀略》、文叢本一〇四種頁十一的記載較詳：「啓聖以爲賊已大創，宜乘勝急擊……遂爲書報烺，言當速進，且送角弓五百張、柳箭二萬枝、火藥二萬斤、火礶一萬五千筒、噴筒三千枝、火箭八百箱、黑鉛四千斤、大小鐵子一千枚、出窩蜂子一千斤、緞紬袍褂、乾練袍褂各數千領、韡帽若干件、賞功銀一萬兩。」

註五一：《靖海紀事》卷下、「賚書求撫疏」。

註五二：周元文《重修台灣府志》文叢本六六種卷一〈封域志〉、沿革條，附有鄭氏第一降表及第二降表。

註五三：《靖海紀事》卷下、「台灣就撫疏」。

註五四：張菼《鄭經鄭克塽紀事》、頁一六八。

註五五：《靖海紀事》卷下。

註五六：《國朝耆獻類徵初編》卷一百五十九、疆臣十一，張維屏錄〈全浙詩話〉。而《鮚埼亭集》卷十五則記爲後烺二十餘日始至。前者較合理，從之。

註五七：參考蘇同炳《台灣今古談》頁五七及頁六三。

註五八：《鮚埼亭集》卷十五。

註五九：同上。

註六十：同上。此外，趙爾巽《清史稿清代史料彙編》卷二六六、列傳四十七〈施琅〉亦有類似之看法，認爲姚啓聖有「先事之勞，何可泯也！」又國防研究院清史編纂委員會、《清史》卷二六一、列傳四七〈施琅〉亦沿此說。

註六一：姚啓聖督閩期間，有不少利民措施，遂深得民心，此可由陳壽祺《福建通志》中國省志彙編之九，卷一四〇、〈國朝宦績〉窺之：「……復海界遷，居民歸井，疆安本業……康親王督禁旅來閩，民苦供億，啓聖三疏請敕王還師，及出境，白王下令禁挾民間婦女，竭儲贖歸，又置通省郡邑學田供貧士膏火，以病卒於官。柩出南郊，士庶塡衢巷，跪奠流涕，爲祠洪江滸，肖像祠之。」

註六二：同註五七。

註六三：筆者於民國六十八年的原著中，係引用劉良璧《重修福建台灣府志》卷十五〈名宦〉所列，將姚啓聖列爲第一，評爲「定謀推轂名臣第一」，施琅則列爲第二位，來評斷平台首功，但近來參閱汪榮祖〈施琅與台灣〉一文，則採商鴻逵〈姚啓聖和施琅〉文中之觀點，認爲平台首功應歸施琅。平心而論，就整個平台的經過、發展，乃至於結果，我們可發現這不是單憑一人之力，即可克竟全功，因此似不必非爲施姚二人訂出高下不可，故筆者做了某些修正。

歷任閩督招降鄭將簡表（根據大清聖祖實錄歷任閩督疏報鄭將投降情形編製）

福建總督	降清鄭將	疏報日期	備註
李率泰（任期爲順治十五年七月到康熙三年六月）（福建總督初制屬浙江兼轄，順治十五年專設，康熙七年仍總督浙閩，九年恢復專設，二十三年又改爲總督閩浙，雍正五年仍專設，十二年復故，以後遂爲定員。此據《福建通志》卷一〇七。	林俊奇等六十一員，兵一千三百九名投誠。	順治十八年（一六六一）七月庚戌。	《清聖祖實錄》（台北、華聯出版社、民國五十三年九月）卷三、頁十四
	陳輝率文武官員一百三十三名、兵一千六百、家口八百餘名投誠。	康熙二(一六六三)九月辛未。	同上、卷十、頁二。
	何義、魏明等率衆來歸。	康熙二年（一六六三）十月丁酉。	同上、卷十、頁六。
	林國樑率衆投誠。	康熙三年（一六六四）四月己亥。	同上、卷十一、頁二十二。
朱昌祚（康熙三年六月至四年十二月）。			

張朝璘（康熙五年正月至六年三月）			
祖澤溥（康熙六年三月至八年三月）			
劉兆麒（總督浙閩，任期康熙八年三月至九年四月）	林伯馨、施轟率官一百四十四員、兵一千六百九十名、船三隻，自台灣赴浙投誠。	康熙九年（一六七〇）十月丁亥。	同上、卷三十四，頁八。
劉斗（仍督閩，康熙九年四月至十一年九月）。			
范承謨（康熙十一年十月至十三年七月）。			
郎廷佐（康熙十三年七月至十五年七月）。			

郎廷相（康熙十五年七月至十七年五月）。	陳僉侯攜帶家口、人丁，自海上前來投誠。	康熙十六年（一六七七）九月戊寅。	同上、卷六十九、頁四至五。
姚啓聖（康熙十七年五月至二十二年）。	廖琠、黃靖等率官三百餘員、兵一萬二千餘人降。	康熙十八年（十六七九）三月甲寅。	同上、卷八十、頁八。
	陳士愷率文武官五十五員、兵一千四百三十一名投誠。	康熙十八年（一六七九）四月壬午。	同上、卷八十、頁二十四。
	鄭奇烈率官五十三員、兵丁一千餘名投誠。	康熙十八年（一六七九）四月癸未。	同上、卷八十、頁二十五。
	紀朝佐率衆歸誠。	康熙十八年（一六七九）十月乙丑。	同上、卷八十五、頁四。
	朱天貴率官、兵丁、船隻投誠。	康熙十九年（一六八〇）六月壬申。	同上、卷九十、頁十六。

5／澎湖之役

第一節　雙方戰前情況

一、清廷積極部署

清廷的部署，主要在於福建總督姚啓聖與福建水師提督施琅的措施。

啓聖得知明鄭內部不安，旣保薦施琅爲福建水師提督，復奏調平陽總兵官朱天貴至福建協力進剿：

臣（姚啓聖）軍前所轄舟師，乃平陽總兵官朱天貴舊部。若令他人統轄，恐一時未能訓習。且朱天貴聲名素爲海盜所憚，來歸之時，已與賊相攻成讐。今若令將原軍，必能竭力圖報。請敕下浙江總督，速發朱天貴，並原帶部下精兵三百人至福建，同臣等協力進剿，從之（註一）。

琅奏疏（密陳專征疏）也提到啓聖「調兵製器，獎勵士卒，精敏整暇，咄嗟立辦，精造船隻，無所不備」。

康熙二十年（永曆三十五年，一六八一）福建水師提督施琅抵閩視事後，亦積極準備，「日以繼夜，廢忘寢食，一面整船，一面練兵，兼之製造器械，躬親挑選整搠」（決計進剿疏），次年（康熙二十一年，永曆三十六年，一六八二）始告就緒，五月五日統率舟師到銅山，本欲乘夏至南風成信，聯䑸進發，惟與總督姚啓聖意見相左而作罷。六月間，派隨征總兵董義等率兵船往探澎湖虛實。七月，上「決計進剿疏」，重申進剿決心。九月，「統率臣標五營官兵船隻，至廈門開駕，至泉州海口臭塗寄泊操演」，舉行一次攻擊的大演習。十月，得旨專征，更是積極部署，調兵遣將。十一月三日移師平海，

●施琅攻台所使用的大鳥船。

至中旬，「四鎭總兵官林賢、陳龍、黃鎬、楊嘉瑞、署興化鎭總兵官陳昌，帶領官兵船隻，及各協營船兵」(舟師北上疏)，陸續到齊，候風出兵。次月二十三日出洋，因轉東風，遂止。二十七日再度開駕，至青水墘，又轉東南風，只得收兵平海(海逆形勢疏)。啓聖見琅阻於風雨，未能出征，趁機派黃朝用等招撫東寧。次年(康熙二十二年，永曆三十七年，一六八三)二月，琅疏「調興化、江東等處陸路官兵，同水師進剿澎湖、台灣，從之」(註二)。四月，又上「海逆日蹙疏」，強調鄭氏日蹙，進剿必有可破之機；至五月，由啓聖所發起的「和談」，未果，康熙遂「趣琅進兵」(註三)。

由啓聖與琅的部署，顯見清廷的部署甚爲積極、主動，若非後來因施、姚糾紛，啓聖由「主戰」改爲「主撫」，澎湖之役不會遲至康熙二十二年(永曆三十七年，一六八三)六月間才爆發。

二、明鄭消極佈防

明鄭的佈防與清廷的部署相較，顯屬消極、被動。此可由明鄭一連串的因應措施得知。

康熙十九年(永曆三十四年，一六八〇)鄭經棄守金、廈，澎湖已成明鄭國防前哨站，地位益形重要，然明鄭卻忽略之。自鄭經回東寧，未曾設禦，及克塽繼立，也僅派董騰、林陞輪流防守而已。直到康熙二十年(永曆三十五年，一六八一)十月傅爲霖密通啓聖事洩，由其家中搜出往來文書，有「澎湖無備，可速督兵前來，一鼓可得。若得澎湖、台灣即虛，便當起兵相應」(註四)之句，才深感澎湖的重要性。又得知清廷命琅爲水師提督，將以武力來犯，始匆匆佈防。

遂命武平侯劉國軒爲總督，副以征北將軍曾瑞、定北將軍王順，負責防守應敵。國軒乃薦援勦左鎭陳諒爲右先鋒鎭，提督各嶼及陸路諸師。薦右武衛林陞爲水師總提調，左虎衛江勝副之。宣毅右鎭邱煇、援勦後鎭陳啓明二人爲先鋒。人事安排妥當，劉國軒親至澎湖，駐紮娘媽宮(今馬公)，乘快哨堪察地形、增築要塞、砲台：「娘媽宮嶼頭上下添築砲城二座，風櫃

●相傳曾使施琅部隊獲得水源的萬軍井（劉還月／攝影）。

尾砲城一座，四角山砲城一座，雞籠山砲城一座，東西畤內一列炮台四座，西面內外塹西嶼頭一列炮台四座，牛心灣山頭炮台一座。凡沿海之處，小船可以登岸者，盡行築造短牆，安置腰銃，環繞二十餘里……」（註五），此佈防可謂「星羅碁布，提防周密」，琅甚至稱之爲「堅如鐵桶」，可惜「八罩、水垵澳等有礁石沙線，四面受風無水者，俱不守禦」，此戰略上的重大錯誤，成爲澎湖之役明鄭失敗的主因。

東寧本島的措施，首先修葺戰艦，並改洋艘爲戰船，命水師鎮林亮督修。爲防清軍由北部雞籠、淡水登岸，命左武衛何祐爲北路總督、右先鋒鎮李茂爲副，率軍防守之。然駐防的士卒，一因旅途勞累，加上「水土不服，兼手足沾潰水，箇箇發癢，抓破即腫，糜爛難堪，兵士怨望」。此外，爲籌兵餉，工官楊賢上陳「凡所有村落民舍，計周圍丈量，以滴水外，每間每丈寬闊徵銀五分」，克塽許之，然生活窮困的百姓交不出銀兩，自毀其屋者甚衆。又馮錫範以諸軍有的駐防澎湖，有的出鎮雞籠，台灣空虛，遂啓請克塽抽調鄉兵，以防守各要口，「悉裏糧露宿，百姓嗟怨」，足見東寧的困境，財政匱乏，兵源不足，招致民怨，又爲供應雞籠駐軍的軍需、糧餉，令土番沿途接運，不論男女老幼皆須供役，致失農時，又遭督運鞭撻，乃相率爲亂，雖終爲鄭軍所平，然頗失民心。上述種種皆爲後來東寧迅速瓦解之因。

劉國軒部署澎湖，見琅尚無意進襲（琅正忙於練兵、整船），遂將水陸軍務交由陳諒、林陞二人料理，於十二月間回東寧，向克塽陳報。

次年（康熙二十一年，永曆三十六年，一六八二）正月，國軒「以澎湖重地，恐乘新春，宵小不測有變」，再度率軍至澎戍守。五月，琅率師至銅山，欲乘南風進攻澎湖，因與啓聖意見不合而延期，國軒得知，遂於七月回東寧。十月，琅得旨專征。十一月移師平海，國軒又趕赴澎湖。十二月，琅曾二度率軍出洋，皆因阻風而返，國軒遂又回東寧。

康熙二十二年（永曆三十七年，一六八三）正月，以忠誠伯馮錫範爲左提督，備兵鹿耳門。五月，聞琅即將進兵，國軒率兵船再度至澎湖防禦。國軒曾集諸將商討戰守之策。林陞、江勝、邱煇、吳潛等皆願盡力死守，惟擔心糧餉不足，國軒遂上啓克塽，克塽乃召開六官會議：錫范（範）：「有土便有財……再匀派百姓車稅、毛丁等類。」國軒聞之，即飛啓云：「當今百凡皆出民間，五穀不登，米價騰貴，百姓困苦極矣。若再爲搜括，恐人心搖動，則外侮立至。須出內帑或捐助，庶可萬全！」啓上，克塽示錫范。范曰：「兵原以衛民，民自應養兵。今內帑空虛，百僚蕭條，不取之民，將何所出？」鄭聰亦以范之言爲是。克塽不能主決，拱手唯唯而已」（註六）。幼主當國，權奸攬權，不另行開源，只知重斂於民，是以澎湖一敗，東寧即瓦解矣！

爲解決財政困難，上淡水通事李滄獻策，取金裕國，然金沙產於上淡水番社處，番拒合作，作罷。

明鄭防禦清軍入侵，可謂力不從心。不僅兵源有限，經濟困難，加上措施不當，更失民心。「在這種行將自潰的狀態下，如何能抵得住敵人的壓力」（註七）。國軒駐防澎湖，完全處於被動、消極狀態，往往在偵知清軍欲發動攻勢，才前往駐紮，一知琅回汛，亦即返東寧。此種防衛的戰略已呈漏洞，加上清軍幾度欲出師，或因故延期，或阻風而返，國軒因而疏忽大意，終造成無法彌補的遺憾！

第二節　澎湖會戰

澎湖之役凡七日，雙方眞正接戰惟十六與二十二兩日。結果，國軒敗走東寧。

一、首戰——劉國軒待颶僅小勝

最後「和談」，未果。康熙「趣琅進兵」。琅遂大集舟師於銅山（今福建東山），並咨啓聖，商議發給糧餉及犒賞銀兩之事。六月十一日大會諸將，以先鋒印綬給提標署右營遊擊藍理。十三日，祭海神。十四日辰時，統兵二萬有奇，大小戰船二百餘艘由銅山出發東指（註八）。

澎湖方面，國軒雖有所佈防，但總認爲「六月風波不測，施琅是慣熟海務者，豈敢故犯突然興師乎？不過虛張聲勢……」，而忽略「兵凶戰危」，戰爭往往獲勝於僥倖行險（註九）。直到十五日早晨，鄭軍巡哨船發現清軍船隊已到青水墘一帶，立即飛告國軒，國軒驚駭，趕緊傳令各嶼備戰，並令水師諸鎮營駕船「環泊娘媽宮前口子並內外塹、東西峙各要口守候」。國軒估計錯誤且大意輕敵。宣毅左鎮邱煇向國軒請曰：「乘彼船初到，安澳未定，兵心尚搖，煇願領熕船十隻，同左虎江勝前去沖殺。」建威中鎮黃良驥十分贊同：「宣毅左鎮邱煇此論，正合兵法『先發制人，半渡而擊』也。」國軒卻認爲風暴可恃，答曰：「炮台處處謹守，彼何處灣泊？當此六月時候，一旦風起，則彼何所容身？此乃以逸待勞，不戰而可收功也。諸公勿慮！」邱煇等只好退下（註十）。鄭軍過份寄望天時，失卻先機，埋下失敗的種子！

十五日傍晚，清軍才抵澎湖貓嶼、花嶼，當

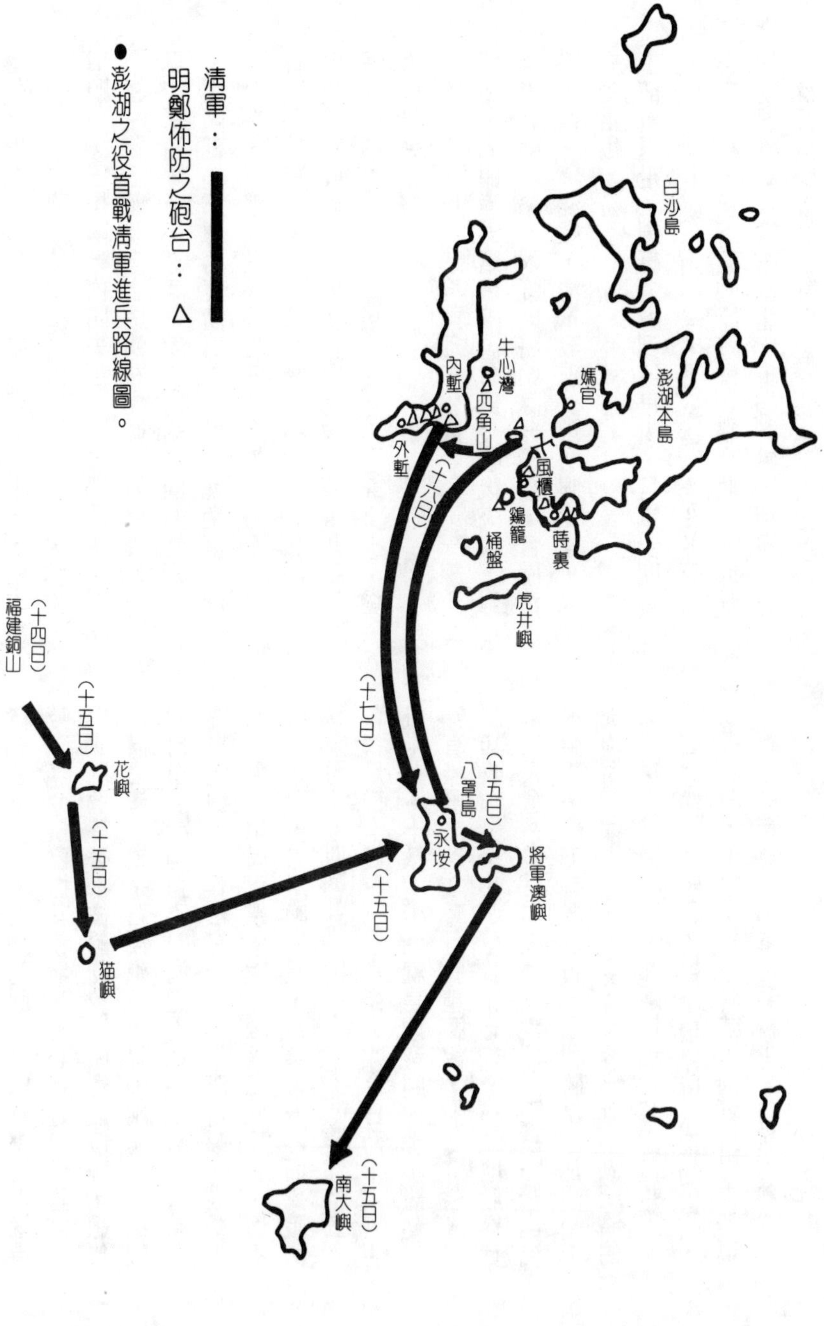

●澎湖之役首戰清軍進兵路線圖。

晚寄泊八罩、水垵澳，並遣官到將軍澳、南大嶼（即七美嶼）等島安撫島民（註十一）。停泊尚稱順利，正是國軒佈防失策。防守貓嶼中提督中鎮左營王顯及守水垵澳左虎衛領旗協楊武，見清軍船隊至，寡衆不敵，駕船退回娘媽宮，告知國軒。邱煇再度請曰：「俟今晚潮落，沖綜攻擊，自然潰散。不可使彼窺探形勢！」國軒仍堅持其看法：「公堪稱勇將，竭力報國！但我自有成算。施琅徒有虛名爾？今當此日日颶報之期，敢統舟師越海征戰？」（註十二），遂再度錯失良機。

十六日一早，琅以藍理、曾成等為第一線，鄧高、方郤等為第二線，命吳英繼後夾攻，對鄭軍發動攻勢。國軒則將船隊分兩翼，合圍清軍，經一場混戰，清軍敗退，琅右眼受傷，理亦受重傷。

清軍退走，國軒考慮到「舟少，且軍士閱月無糧，恐其乘機潰」（夏琳《閩海紀要》），又恐另有伏兵，遂不敢乘勝追擊，鳴金收兵。邱煇三度提議：「乘彼戰北，軍心必虛，煇與左虎今夜督熕船十隻，直抵貓嶼、花嶼、八罩攻打。料彼必不自安，決然逃回。」國軒堅持以逸待勞：「今日已挫其銳氣，不必追趕。但謹守門戶。以逸待勞！彼船許多，所寄泊垵嶼，悉無遮攔之澳，咸是石淺礁線，早晚風起，定不戰而自潰。」煇並不贊同過份依賴地勢、天時，遂提醒曰：「兵法有云：『半渡可擊，立營未定可擊，乘虛可擊。』今敵人患此三忌，而不乘勢趕殺，若早晚無風，合萬人一心而死戰，將奈何？」而國軒仍堅持：「子多慮焉。俗云：『六月三十日有三十六颶。』今日乃十六，明日十七、十八、十九就是觀音颶、洗蒸籠颶，安有無風之理？暫且養精蓄銳，扼險守隘，以觀其敗。」（江日昇《台灣外記》）天時、地形畢竟未如人意。事實上，八罩嶼地形確實險惡，「流水湍急，島下有老古石，剛利勝鐵，凡泊船下椗，遇風立壞」（夏琳《閩海紀要》）查澎湖紀略的風信條，六月十八、十九兩日也確有「彭婆暴」、「觀音暴」之記載。只是，琅停留八罩的數天，風平浪靜，「人算不如天算」，國軒只得來一場硬戰以決勝負。鄭軍舟師較少，自居劣勢。

二、施琅重新部署

十六日第一次接戰，清軍敗退，當晚拋泊西嶼頭，十七日仍收泊八罩、水垵諸澳，「嚴申軍令，查定功罪，賞罰官兵」，並商討戰略，吳英建議改變成艅齊進策略，採用以衆擊寡的「五梅花陣」：

彼船少，我舟多，以五船結一隊，攻彼一隻。其不結隊者，爲遊兵，或爲奇兵，或爲援兵，悉遠駕觀望，相機而應。則無成艅沖撞之患，又可以各盡其能，奮勇破敵（江日昇《台灣外記》）。

琅採行之。

十八日，清軍進取虎井、桶盤嶼。十九日，琅乘坐小趕繒船往澎湖內外塹、嵵內，觀察形勢，爲邱煇、江勝發現，始收船而回（註十三）。當天，天際黑雲滾滾而起，風浪亦興，然未幾即起震雷，諺云：「六月有雷止三颱，七月一雷九颱來」（胡建偉《澎湖紀略》），琅大喜，而國軒的殷望卻被此雷震碎了！

二十、二十一兩日，琅故意用「老弱驕兵之計，以趕繒、雙帆艍船分兩股，假攻嵵內、內外塹」（註十四），擾亂鄭軍。又重申軍令，並大書諸將姓名於各船帆上，以便遙觀，知其進退，準備發動另一次大攻擊。

三、終戰——施琅五梅花陣大勝

二十二日一早，琅分股進發，發動攻勢，其舟師安排情形如下：

1.右翼部隊：遣隨征都督陳蟒、魏明、副將鄭元堂領趕繒、雙帆艍船共五十隻爲一股，從東畔嵵內直入雞籠嶼、四角山爲奇兵突襲部隊，用收夾攻之效。

2.左翼部隊：遣隨征總兵董義、康玉、外委守備洪天錫領趕繒、雙帆艍船共五十隻爲一股，從西畔內塹直入牛心灣，作爲疑兵，用收牽制之效。

3.中央部隊：遣大鳥船五十六隻居中，分爲八股，每股七隻，分爲三疊，以二船爲一疊，指揮船居中。此八股分別是：

㈠中央一股：施琅親率將士居中調度。

(二)左邊一股：由興化鎮吳英率領。

(三)右邊一股：由平陽鎮朱天貴、前營遊擊何應元領之。

(四)次左一股：金門鎮陳龍領之。

(五)次右一股：中營參軍羅士鈴及後營遊擊曾成等領之。

(六)次左之左（即左三）一股：銅山鎮陳昌領之。

(七)末右（即右三）一股：海壇鎮林賢領之。

(八)末左（即左四）一股：廈門鎮楊嘉瑞領之。

4.後援部隊：所剩船八十餘艘為後援。

琅安排妥當，立即發動攻勢，向國軒駐紮的要塞娘媽宮逼進，國軒亦下令娘媽宮港內所有船隻前進迎戰，從早激戰至晚。起初，鄭軍略呈優勢，清軍平陽總兵朱天貴戰死，海壇總兵林賢重傷、興化總兵吳英亦受傷。琅只得改變戰略，中央部隊不再分股，以包圍方式，由西嶼頭海外向鄭軍進襲，鄭軍漸次陷入清軍包圍，雙方再度激戰，鄭軍兵寡呈劣勢，副提督江勝奮戰船沈、左衛邱煇被困，力戰不得脫，引火自焚，與大熕船（熕、炮也）同亡於澎湖海域。鄭軍不僅喪失江、邱二員大將，船隻亦大半被焚。國軒見狀，率曾瑞、黃德等諸船作困獸之鬥，然此時清軍五梅花陣，已發揮作用，鄭船皆被困，國軒見大勢已去，已難挽回，乃殺出重圍，帶著僅剩小砲船三隻，小鳥船二隻，趕繒船十一隻，雙帆艍船十五隻，由吼門退走東寧。吳潛自刎西嶼頭，其餘鄭將皆先後降清。琅遂入據澎湖（註十五）。

總計此役，鄭軍投降將官共一百六十五名，士卒四千八百五十三名，傷亡數目史籍雖未記載，總有數千人，加上器械、船隻損失，影響明鄭實力甚大。清軍損失亦不輕，琅「飛報大捷疏」，雖僅列出死亡官兵三百二十九名，受傷者一千八百餘名，實際傷亡數目必不止此。另一奏疏（賚書求撫疏），曾為進攻東寧而要求補給，提到：

> 擬乘勝長驅台灣……惟大小戰艦，被炮打損破壞甚多，臣（施琅）姑將其次號之船可以補葺者，載送砲傷官兵回廈門調治，將船整固，令其順載柴米、火藥、弓矢前來澎湖，以給兵需。至打壞鳥船，見泊澎湖，即當用工修葺。

●澎湖之役終戰清軍進兵路線圖。

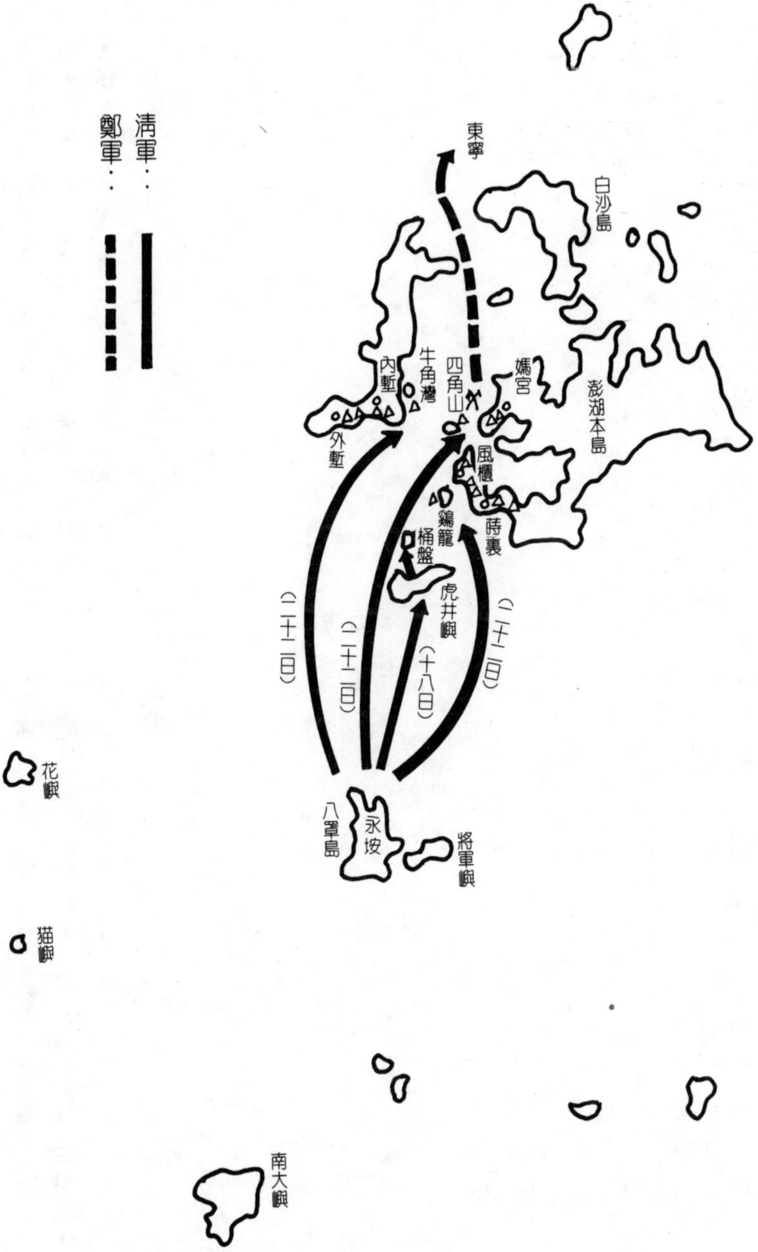

所需木料、油灰、釘鐵，棕麻等料匠作各項，爲數不少，刻在要需……移洛督臣亟行採備。仍辦八槳船料一百隻，一併檄委漳州海防同知王錫九等官督運，解到澎湖，以應整葺製造……

征兵名額不足，衆剿難以乏人，業併移洛督臣選調精壯陸師官兵四千員名前來補用……

施琅要求補給數量旣需甚多，則此次會戰，清軍損失亦不輕也！

第三節　澎湖之役的影響與檢討

一、澎湖之役的影響——明鄭解體的加速

澎湖之役戰敗，東寧人心崩潰，導致明鄭投降。

二十二日國軒自吼門逃脫，二十三日回到東寧，上報戰敗。馮錫範下令鹿耳門嚴加防備，並大會文武官員，討論戰守策略。建威中鎮黃良驥等建議遷往呂宋，錫範同意，然未及實行，即謠言四起，謂將大掠而去，百姓驚惶不安。此時，琅又發動間諜戰，派遣密探滲透，防守淡水的何祐首先密遣其子何士隆至澎請降。另外，林亮、董騰、蔡添等與琅暗通，約為內應（註十六）。啓聖亦遣黃朝用招降國軒，國軒中計，首倡降清，適值琅以總兵之職招降國軒，國軒遂決意投降。錫範雖反對投降，亦無對策，克塽年幼只得答應，國軒遂遣使至澎湖請降，維繫明祚的鄭氏基業就此瓦解！

澎湖之役的失敗，雖摧毀明鄭的民心士氣，導致明鄭覆亡。但，如深加探究，當知鄭氏覆亡主因，乃在內部權力爭奪，無法團結一致，和衷共濟對付強敵，反自相殘殺自弱實力。幼主當國，權奸弄權，結果使敵有機可乘。加以清廷分化、滲透策略發揮作用，終至人無固志，

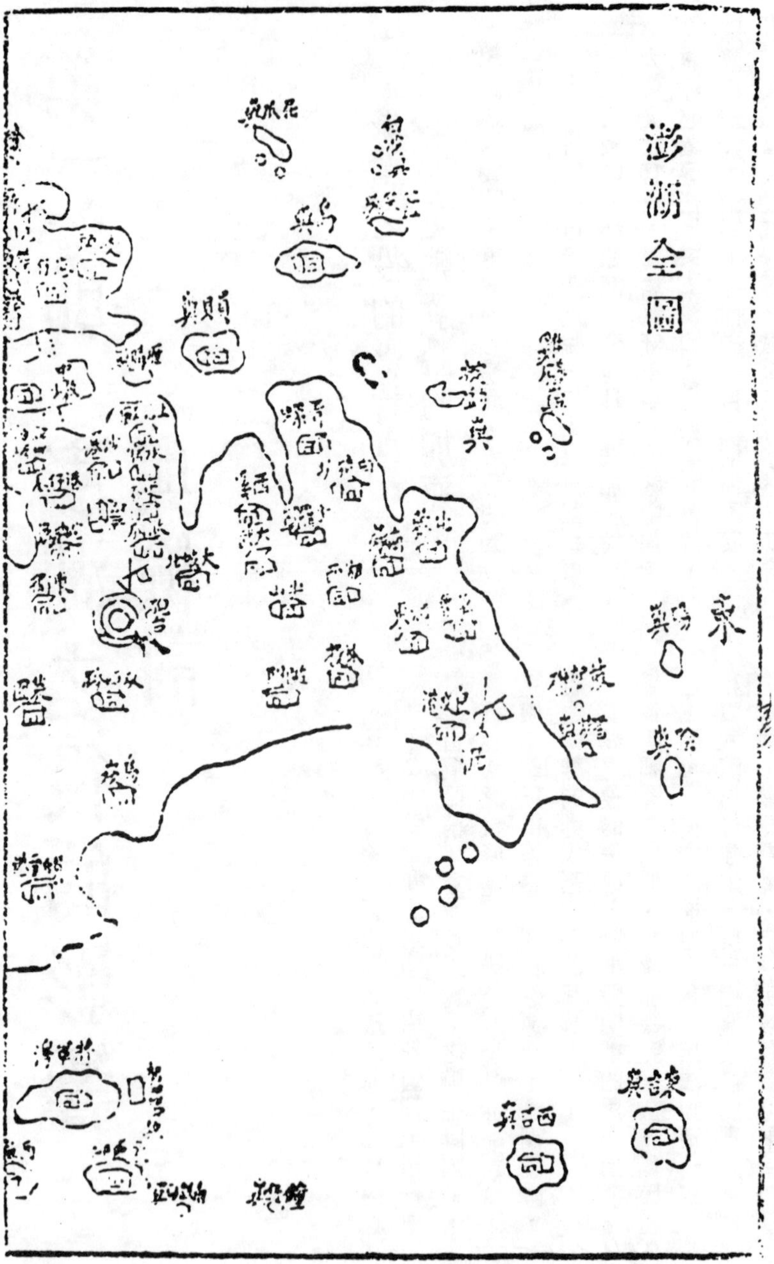

●清代澎湖全圖。

城

舉國投降。足證「鄭氏武力之消長不係於強敵之清廷，而係於明鄭本身」(註十七)。否則，琅欲以武力自澎湖進犯東寧亦非易事，琅於〈舟師抵台灣疏〉中提到入台受降情形：

> 惟臣（施琅）舟師，今抵台灣，細閱港道紆迴，地勢窄狹，波濤湍急，可謂至險至固。臣雖用兵，頗能籌度。但至此觀看周詳，若非皇上威靈遠震，似未易可以力鬥取勝之地。

可知琅欲藉武力取東寧亦無把握。若明鄭上下一心，團結禦敵則兩軍對陣，安知勝負誰屬？明鄭內部的腐化、權力的鬥爭、心防的崩潰、信心、鬥志的喪失，已自我解體，是爲覆亡主因。澎湖海戰的潰敗乃加速之耳！

不過，必須強調的是明鄭之覆亡已無關鄭氏名節，因是時東寧政權已非鄭氏所能左右，所謂「克塽童稚，政在外戚，嗣位未幾，遂爲俘虜！」(註十八)。

二、澎湖之役的檢討
——雙方勝敗因素探究

澎湖海戰關係明鄭存亡，鄭軍自必全力以赴，結果仍敗，究其因：

㈠佈防失當。澎湖形勢，島嶼雖多，然面積較大且具戰略地位者，不過四個島嶼：澎湖本島居中，西邊爲西嶼（即漁翁島）、南邊爲八罩島（即望安鄉）、北邊爲北山（即白沙島）。澎湖本島面積最大，堪稱澎湖之心臟，著名的媽宮澳（今馬公港）即位於此，然全島地勢低平，缺乏陵谷屏障，四周又是港澳錯雜，易爲敵人所乘，就防守觀點言，採取聯外島以爲犄角的策略，始爲上策，國軒雖在四角山、雞籠山、東西蒔內、內外塹、牛心灣等處設置炮台，然主要兵力、船隻卻置於澎湖本島的媽宮澳，以致形勢全失。而忽略澎南海域的設防，尤爲致命傷。位於此海域的花嶼、大小貓嶼等極近福建，乃清軍入據澎湖的第一站，地位重要，這一帶儘管暗礁極多，卻疏忽不得，國軒卻恃「地險」而忽略，使琅得入據八罩，作爲進攻澎湖本島的根據地(註十九)。

㈡戰略錯誤。國軒所採戰略是守岸而非守海。遂將重兵置於媽宮澳，並於附近各嶼設置炮台。換言之，僅被動的固守陸地，而不主動以攻為守拒敵於海外。且深信天候、地勢可恃，坐失良機。澎湖屹立海中，固有天險之稱。然「其為險也不在山之阻隘，而在水之汪洋，不在邱陵之扼塞可以一夫當關，而在沙汕之紆迴直使千帆難越」。防守策略應是守海勝於守岸，守岸勝於守城，即「守城不如守岸，守岸不如守海」。一意守媽宮澳，使敵輕易逼近。再則，防海首要在於「以戰為守，以海為戰」，爭取主動權，制敵先機，所謂「能戰而後能守，能守而後能和」(註二十)。雖邱煇曾三度請戰，皆為國軒以風暴、地形可恃而予以拒絕，喪盡良機。

㈢寡衆不敵。澎湖之役，鄭軍數量，史籍未有明確記載，琅於「飛報大捷疏」中曾提到鄭軍的組成與數量：「今年(康熙二十二年)四、五月，知臣乘南風決進剿，則台灣賊夥選擇精壯敢死者，及抽調草地佃丁民兵，將洋船改為戰船。凡各偽文武等官所有私船，盡行修整，弔集來澎湖。大小炮船、鳥船、趕繒船、洋船、雙帆艍船，合計二百餘號，賊夥二萬餘衆。」依此記載，鄭軍兵力與清軍不相上下。深究之，或可視為琅之虛報，以張顯其功。若清軍與鄭軍兵力相當，吳英怎會獻以衆擊寡的「五梅花陣」法？而琅又怎會欣然接納？可見鄭軍兵力、船數必少於此數也。而鄭軍的士卒、船隻，又包括新抽調的壯丁、民兵，以及由洋船改裝的戰船，真正有作戰經驗，能發揮戰鬥力的士卒、船隻也就更少。反觀琅率領的二萬兵力、三百餘艘戰船，則是經過長期訓練，專為攻打澎湖而來，雙方戰鬥力的懸殊，至為明顯！

㈣天災影響實力。康熙二十一年(永曆三十六年，一六八二)二月，雞籠山大疫，汛守兵卒死者過半。十二月，承天府發生火災，沿燒一千六百餘家，加上歲飢，米價暴漲，民不堪命。次年正月，發生飢荒，民多餓死(註廿一)。五月二十八日至六月六日，連續幾天大雨傾盆，山洪暴發，田園多遭湮沒(註廿二)。澎湖之役前諸多災變，對原本財政困難的明鄭不無影響！

此外，鄭經自退守東寧後，疏於佈防澎湖，直到傅為霖通敵事洩方派國軒進駐，已顯匆促，而國軒的駐防，又視清軍動靜為進退，更呈現漏洞。加上經濟困難，糧餉不足，在在都

●由於鄭經棄守金、廈，澎湖遂成明鄭的國防前哨站（劉還月／攝影）。

導致澎湖之役明鄭的潰敗！

反觀琅又如何戰勝？歸納其因素如下：

㈠**肯定澎湖的戰略地位**：琅於奏疏中，一再強調澎湖的重要性，要進襲東寧必須先取澎湖：

蓋澎湖爲台灣四達之咽喉，外衛之藩屏，先取澎湖，勝勢已居其半。(邊患宜靖疏)。

大師進剿，先取澎湖以扼其吭，則形勢可見，聲息可通，其利在我。(盡陳所見疏)。

澎湖一得，更知賊勢虛實，直取台灣，便可克奏膚功。倘逆孽退守台灣，死據要口，我師暫屯澎湖，扼其吭，拊其背，逼近巢穴，使其不戰自潰，內謀自應。(密陳專征疏)。

臣(施琅)伏思，若待可行機會，必當進剿澎湖。若不至澎湖，斷無可破可剿之機。(舟師北上疏)。

明鄭退守東寧，澎湖爲其國防前哨站，戰略地位何其重要，琅深悉此點，而明鄭卻疏於佈防，即使駐防亦處在被動的狀況下。

㈡**乘風而進，出其不意**：海戰異於陸戰，深受風信影響。琅於奏疏中一再請求清廷勿限時日，風利即行，可保船隊安全，以達出其不意，攻其不備之效：

但征外島，風信靡常，當假以歲月，不可限

以定期。臣整備舟師，枕戈待時……（邊患宜靖疏）。

安配定妥，等候風期，毋論時日，風信可渡，立即長驅。利便之舉，誠莫過於此者。（盡陳所見疏）。

臣整搠官兵，時常在海操演，勿限時日，風利可行，臣即督發進兵，出其不意，攻其無備，何難一鼓而下。（決計進剿疏）。

惟風信則不敢逆料。當愼待天時晴霽，十分利便，極出萬全，方敢統率進發。（舟師北上疏）。後來事實證明琅之出兵，確是出乎國軒意料之外！

㈢**深得天時**：琅雖選擇南風進發澎湖，然海上風濤莫測，澎湖多風，有所謂「暴」（大風也）、「颶」（海中災風）、「颱」（甚於颶者）。南風盛行季節裏，必須收泊南風澳，如果停泊北風澳則十分危險，因「颶風將發，北風先至，必轉東南，又轉而南，復轉西南，呼吸變更，以北澳而受南颶，駕避不及，艨艟成齏粉矣。」（註廿三），清軍停泊的八罩嶼不僅是典型北風澳，地形更是險惡，滿佈堅如鐵樹的老古石，一遇上風暴必不戰自潰，但在清軍停泊數天中，竟未遇上「颱」、「颶」、連「暴」都未碰上，何僥倖也！

㈣**分化、滲透策略運用成功**：琅於奏疏曾幾次提及派遣密探：

臣（施琅）在在密用間諜，亂其黨羽，自相猜忌……。（密陳專征疏）。

……康熙二十年十月初六日抵任以來，一面整搠船兵，相機搗窠，並遣心腹三、四人漸次密往台灣、澎湖賊中，通達臣之舊部，在彼現爲鎭營管兵，令其就中謀叛取事。自去年（康熙二十一年）亦有通信數次。俟大兵臨境之時，方敢內亂倒戈，迎降者衆。而今年（康熙二十二年）……三月十一日，有僞兵許福等十四名，駕水船一隻，自台灣猴樹港過來投誠，帶有臣前所差之人要緊密稟潛通，內有叛亂相應消息……。（海逆日蹙疏）。

臣自入閩以來，即遣心腹之人密往台灣、澎湖賊中，道達臣之舊時部曲現爲職官者，從中潛謀取事。遂有僞鎭營何祐等謀結黨類以待內應。臣業有題報，但恐漏洩，未敢直指姓名……。（移動不如安靜疏）。

密探滲透成功，方有防守淡水的何祐遣其子至澎湖請降，及林亮、董騰、蔡添等與琅約爲內應。而東寧謠言四起，人心惶恐不安，也極可能是這些密探的傑作。

此外，琅掌握主動權及兵力優勢，遂使其贏得這場戰爭！

附註

註　一：《清聖祖實錄》卷九十七、康熙二十年八月戊子條。

註　二：《清聖祖實錄》卷一百零七、康熙二十二年二月甲申條。

註　三：《清聖祖實錄》卷一百零九、康熙二十二年五月甲子條。

註　四：《台灣外紀》卷九。

註　五：《靖海紀事》卷上。《台灣外記》卷九則作：「於風櫃尾築炮台一座，四角山築炮台一座，雞籠嶼築炮台一座，東峙、西峙、內外塹炮台各二座，牛心灣炮台一座，虎井、桶盤嶼各設炮台一座，媽祖宮置城一座，外加女牆、壕溝、安設大炮。」

註　六：同註四。有關「明鄭消極佈防」的情形，參考的資料以《台灣外記》卷九爲主，另兼及《閩海紀要》卷下、《海紀輯要》卷三，《海上見聞錄》卷二，《靖海志》卷四等。

註　七：郭廷以《台灣史事概說》頁八七。

註　八：《靖海紀事》卷上、「海逆形勢疏」：「臣（施琅）所統官兵二萬有奇，大小戰艦二百餘號……。」施琅進軍澎湖兵力若干，諸書記載不一：

國防研究院清史編纂委員會、《清史》卷一三六、兵志六：「……施琅之克澎湖，用戰艦三百艘，水師二萬人。」

林豪《澎湖廳志》、文叢本一六四種、卷六、官制條按語：「康熙初年靖海將軍施琅，以水師三萬克澎湖，未聞別募勇軍。」

《閩海紀要》卷下：「琅自銅山開駕，戰艦六百餘號，甲士六萬餘人。」

《靖海志》卷四：「施將軍自銅山開船，大小五百餘號，姚總督撥陸兵三千隨征。」茲從施琅奏。

註　九：陳澤《細說明鄭》頁一二一。

註　十：《台灣外記》卷九。

註十一：《靖海紀事》卷上。

註十二：同註十。

註十三：《靖海紀事》卷上。然《台灣外記》卷十、則作十八日。

註十四：此段「施琅重新部署」，主要參考施琅著《靖海紀事》卷上「飛報大捷疏」。

註十五：此段戰爭經過，參考資料包括《靖海紀事》卷上、《台灣外記》卷十及陳知青著之《澎湖史話》。

註十六：《台灣外記》卷十。

註十七：毛一波《明鄭之亡與施琅》、《台南文化》七卷四期。

註十八：沈雲、《台灣鄭氏始末》卷六。

註十九：參考林豪著《澎湖廳志》卷一〈封域〉形勢條及卷五〈武備〉海防條，通守鮑復康撰《籌防芻言》。以及陳知青著《澎湖史話》。

註二十：《澎湖廳志》卷五〈武備略總論〉。

註廿一：參閱《閩海紀要》卷下《海紀輯要》卷三及《海上見聞錄》卷二。

註廿二：《台灣外記》卷十。

註廿三：李元春《台灣志略》、文叢本十八種卷一，〈地志條〉。

6／施琅與東寧善後

第一節　台灣棄留問題

一、施琅三度請示棄留

康熙二十二年（永曆三十七年，一六八三）七月間，劉國軒、馮錫範依施琅所提條件，重修降表，遣其胞弟至澎湖請降，琅遂上「台灣就撫疏」，首次提到台灣的棄留問題：

第查台灣土地千餘里，户口數十萬，地在濱海之表，或棄或留，僞官兵繁多，當作何安輯，事關重大，所當請皇上迅賜睿裁……

七月底，琅於「賚繳冊印疏」，再度提到：

其台灣地方形勢，兵民削髮安輯事宜，應去應留，頭緒多端，不便繁入疏章。吳啓爵、常在親履其地，俱悉其情。茲耑差二員赴闕披陳面奏。

琅已感到清廷對此問題的疏忽。八月中旬，琅抵台受降，親履其地，更感台灣地位的重要，尚未奉清廷指示，八月十九日再上「舟師抵台灣疏」，三度提及：

又閱土地肥饒，出產五穀，沃野千里，人民土番雜處，甚爲稠密；應去應留，臣經具疏題請，未奉敕旨，仰冀迅賜睿奪，俾得欽遵奉行。

實則康熙已於八月十五日令由議政王大臣等開會議處，未獲具體結果，僅得一決議：

台灣應棄應守，俟鄭克塽等率衆登岸，令侍郎蘇拜與該督撫提督，會同酌議具奏（註一）。

實際參與討論，僅蘇拜、施琅及巡撫金鋐。（時啓聖已病卒，新任總督尚未到任）。其中，蘇拜及金鋐皆未曾履及，對台灣實際情形不甚瞭解，無法作決。琅遂於十二月二十二日上「恭陳台灣棄留疏」，力請保台。此疏於次年正月上

●清初的台灣仍是一塊荒壤之地。

達，時帝曾詢問大學士李霨、李光地等人之意見，僅李霨贊成留守：

據提督施琅奏云：台灣有地數千里，人民十萬，棄之必爲外國所踞。奸宄之徒，竄匿其中，亦未可料，臣以爲守之便（註二）。

康熙受「棄留疏」影響，亦覺棄之不妥，但仍無明確之決定：

台灣棄取，所關甚大，鎮守之官，三年一易，亦非至當之策。若徙其人民，又恐失所。棄而不守，尤爲不可。爾等可會同議政大臣九卿詹事科道，再行確議具奏（註三）。

四月間，蘇拜會同福建總督、巡撫、提督上疏：

台灣地方千里，應設一府三縣，設巡道一員分轄。應設總兵官一員、副將二員、兵八千，分爲水陸八營。澎湖設副將一員，兵二千，分爲二營，每營各設遊守千把等官。從之（註四）。

台灣乃正式歸入清廷版圖，隸福建省。一事之決，竟耗時八個月之久（康熙二十二年八月康熙下旨討論，結論決於次年四月），顯然廷議中主張棄守者居多。爲何如此主張？理由又安在？

●康熙廿三年，台灣正式歸入清廷版圖，隸福建省。

二、棄留問題發生之因

主張棄守之原因不外乎：

㈠不瞭解台灣情形。認爲台灣「無仙蹤神跡之奇，無樓台觀宇之勝，有山則蔓草頑翳，有水則洪濤鹵侵。爲鹿豕狸鼠之所蟠，龍蛇蜃虺之所游。」且「溪深林密，易於伏莽；山海氣濕，又多霧露水土之害。」（註五）難怪有人主張「此一塊荒壤，無用之地耳，去之可也。」（註六）。

㈡考慮治安問題。「其民五方雜處，非俘掠之遺黎，即叛亡之奸宄。里無一姓，人不一心。」（註七）況就中國大陸言，台灣位置偏遠，孤懸海中，拙於海戰的清廷總認爲防守、治理皆成問題，留守徒增麻煩，倒不如棄而不守，反可節省人力、物力（註八）。

㈢缺乏海防認識。康熙帝猶認爲「海賊乃疥癬之疾，台灣僅彈丸之地，得之無所加，不得無所損」（註九）。李光地更主張將台灣仍舊借給荷蘭人，令其世守輸貢，以爲長治久安之道（註十）。另有人主張「僅守澎湖而棄台灣。」不知守台所以固澎也（註十一）。浩浩太平洋正是最佳天然疆界。甚至十餘年後，仍有人認爲台灣是偏遠荒蕪海島，無什價值，駐守之勞兵費餉，徒增負擔，不如棄之（註十二）。當時航海技術不甚發達，台灣爲海洋所封閉，幾與外界隔絕，清廷以陸權國家自守，疏於海防，無法體會台灣在國防上的重要價值（註十三）。

綜上，發生棄留問題，也就不足爲奇。若非施琅力排衆議，則台灣命運不堪設想。

第二節　施琅力爭保台

一、實勘台島形勢

施琅力爭保留台灣，乃基於深切瞭解台灣，又與其抵台受降有關。

康熙二十二年（永曆三十七年，一六八三）八月十一日琅由澎湖開駕，八月十三日抵台受降（註十四）。十一月二十二日始班師內渡，留下總兵吳英鎮守台灣，琅停留期間達三個月有餘，曾往祭成功祀廟，料理明鄭宗室及文武官員內渡安插，其收獲最大者，莫過於在劉國軒引領下，實地勘察台灣山川形勢：

（八月）二十三日，琅率吳英、國軒等踏堪南北二路，見其山川峭峻，土地膏腴，茂林修竹，人煙輻輳，且番民雜處耕種，實海外之雄鎮。若棄而不守，則將來不但宵小竊據，亦必爲紅毛所圖；其貽害地方，又不僅爲吾閩一省。自當請留，以作邊海屏藩（《台灣外記》卷十）

琅對台灣之瞭解與認識，自非一般清廷官吏所可比，而國軒一心想歸向清廷，亦必提供若干正確且具有價值的意見，使琅「對台灣的情勢愈加熟習，智識愈加豐富，瞭解愈加深切，認識愈加明白。」（註十五）更能體會台灣重要性，堅定留守台灣的看法和主張。

二、力主台澎兼守

台灣棄留，不少人認爲「留恐無益，棄慮有害」，意見不一，蘇拜與金鋐又難斷定，琅遂上「恭陳台灣棄留疏」（註十六），希望影響廷議，

●施琅實地勘察台灣山川形勢，更能體會台灣重要性。

保留台灣。

於棄留疏中，琅首言台灣地位重要：

竊照台灣地區，北連吳會，南接粵嶠，延袤千里，山川峻峭，港道迂迴，乃浙、閩、江、粵四省之左護……。

次言曾親履其地，故知台灣為一肥饒、險阻之區，足為東南諸省之屏障：

臣奉旨征討，親歷其地，備見野沃土膏，物產利薄，耕桑並耦，魚鹽滋生，滿山皆屬茂樹，遍處俱植修竹。硫磺、水籐、糖蔗、鹿皮，以及一切日常之需，無所不有。向之所少者布帛耳，茲則木棉盛出，經織不乏。

況「舟帆四達，絲縷踵至，飭禁雖嚴，終難杜絕」。再則遷入棄地並非長策，且有實際困難：

以有限之船，渡無限之民，非閱數年難以報竣。使渡載不盡，苟且塞責，則該地之深山窮谷，竄伏潛匿者，實繁有徒，和同土番，從而嘯聚，假以內地之逃兵閃民，急則走險，糾黨為祟，造船製器，剽掠濱海；此所謂藉寇兵而齎盜糧……。

荷蘭人又無時不在垂涎，一旦棄守，必為所圖，而狡黠的荷蘭人，得此富饒之根據地，「必合黨夥竊窺邊場，迫近門庭。」「沿海諸省，斷難晏然無慮。」並指出不可僅守澎湖而棄台灣：

如僅守澎湖，而棄台灣，則澎湖孤懸汪洋之

●施琅曾借媽祖顯聖之說，瓦解明鄭軍心（劉還月／攝影）。

中，土地單薄，界于台灣，遠隔金廈，豈能受制於彼而能一朝居哉？惟有澎、台兼而守之，互爲犄角，聲氣相通，方可保東南沿海之安寧。

兵費、糧餉的負擔，亦爲清廷考慮之因素。琅針對此，建議以內地溢設官兵分防台澎，而無添兵增餉之費，甚至可採寓兵於農之策：

……海氛既靖，內地溢設之官兵，儘可陸續汰減，以之分防台灣、澎湖兩處。台灣設總兵一員、水師副將一員、陸師參將二員、兵八千名；澎湖設水師副將一員、兵二千名。通共計兵一萬名，足以固守。又無添兵增餉之費。其防守總兵、副、叅、遊等官，定以三年或二年轉陞內地，無致久任，永爲成例……抑亦寓兵於農，亦能濟用，可以減省，無庸盡資內地之轉輸也。

最後，再次強調台灣地位重要，「棄之必釀成大禍，留之誠永固邊圉。」即使爲「不毛荒壤，必藉內地輓運，亦斷斷乎其不可棄。」

康熙二十三年（一六八四年）四月，台灣棄留終獲定案，台灣成爲福建省一府，下設台灣、鳳山、諸羅三縣（註十七）。是琅疏陳後發生效力也。

第三節　東寧善後之建陳

琅上「恭陳台灣棄留疏」外，又上三疏，對於處理善後頗有建陳，現分述如下：

一、移動不如安靜疏
——降卒還藉安插

鄭克塽降後，琅於康熙二十三年（一六八三）八月題報：

所有鄭成功之子偽輔政公鄭聰等六人，鄭錦之子鄭克塽及其弟偽恭謹侯鄭克舉等九人，偽武平侯劉國軒、偽忠誠伯馮錫范（範）等子弟，及明裔朱桓等十七人，並續順公下官兵家口，海澄公家口，俱撥船配載，官兵陸續護送，移入內地。並將咨侍郎蘇拜及督撫，聽其安插。其餘偽文武各官家口，見在趣令起行。兵丁有願入伍及歸農者，聽其自便……下所司知之（註十八）。

主張除鄭氏克塽等人外，其餘文武官員就其原職安插，獲清廷認可。琅「一面撥派船隻，將各官陸續載入內地。查係外省者，即交各府縣原籍安插，仍取其地鄰保結存查。其偽卒願歸農者，則聽其歸農；願逐伍者，則暫撥在從征各鎮營還伍。」蘇拜卻認爲應一併「移駐畿輔、山東、山西、河南諸省。」（註十九）琅遂上「移動不如安靜疏」，指出移駐各省之無益擾民：

若一行移駐，其間有眷口者不少，無眷口者亦多，遠涉長途，不堪艱瘁；逃匿生患，所不能無。況地方人民，久困荼毒，方謂海氛削平，凋殘少蘇，今欲將各偽官眷口移駐外省，沿途搬運，百姓有策應人夫之苦；經過郡縣，官吏

台灣府、漳州

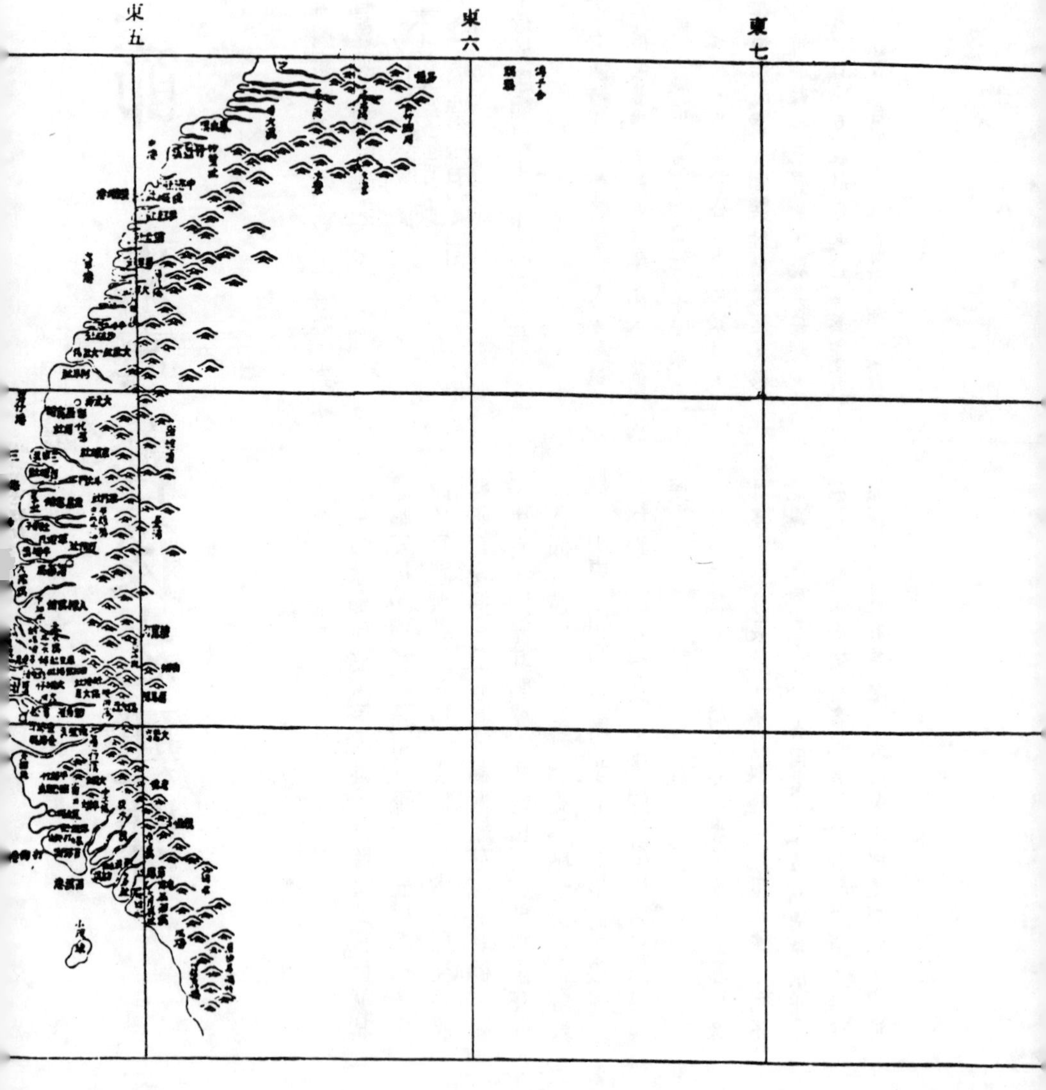

府

●清代福建省漳州府台灣府圖。

東一 東二 東三 東四

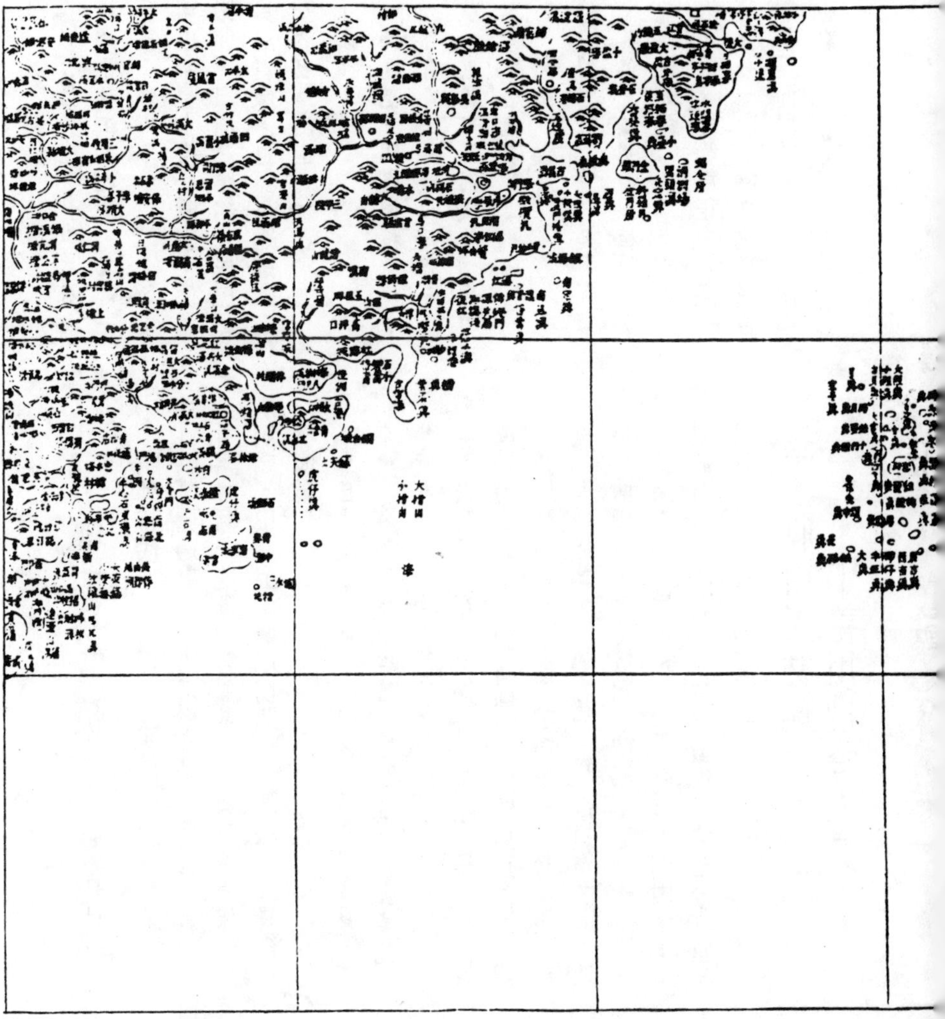

十二排東

有備給口糧之費；所到地區，有動撥民房之擾；開墾耕作，有應給牛種工具之資，又是一番苦累。

倘能就近安插，可顯「皇上推心置腹，使各遂其生，省人夫之搬運、口糧之應給，民房田舍之動擾，牛種農具之冒破，且無長途逃匿之患；所謂移動不如安靜之爲得也。」

拜受琅影響，遂上疏：

鄭克塽、劉國軒、馮錫范、明裔朱桓等俱令赴京。共武職一千六百有奇、文職四百有奇，或願回籍，或願受職，應聽部察例議敘；兵四萬餘人，願入伍、歸農，各聽其便。

康熙得報，下旨：

鄭克塽家口親族及劉國軒、馮錫范本有家口，俱令遣發來京。其僞官並明裔朱桓等，俱有附近各省安插墾荒。餘如議（註二十）。

克塽乃授爲正黃旗漢軍公，錫範爲正白旗漢軍伯，國軒爲天津總兵（註廿一）。其餘文武官員各還原籍，而「得以還首丘而保墳墓，永無出疆之慘。」且「獲更生之慶」（註廿二）。

二、墾地初闢疏——減租賦

明鄭時代，一切軍、政費用皆須取自東寧，科賦難免過重。克塽降後，蘇拜主持善後會議，所議台灣一地應繳錢糧數目，與克塽所報相差無幾。琅遂上「墾地初闢疏」陳報鄭氏降後東寧情形：

自臣去歲奉旨蕩平，僞藩、僞文武官員、丁卒與各省難民相率還籍，近有其半。人去業荒，勢所有必……（註廿三）。

「人去業荒」若再重科，百姓不勝負荷，恐「釀成地方之禍階」，屆時興兵，所費更巨，倒不如「減以應需之賦」，使民安居樂業。數年後，自然「人戶盛繁，田疇悉易，賦稅自爾充溢，斯時有增無減，豈待按數而徵哉？」。

結果，「下旨再議，於是奏定上則田每甲徵粟八石八斗，園四石。每丁徵銀四錢七分六厘。著爲例。」（註廿四）。

三、收用人材疏——善用投降人員

清廷「准部咨康熙十三年以後，凡投誠功加未至八等者，追劄歸農。」琅乃上「收用人材疏」，認為「此就功分別用舍，亦慎名器之要端。然此等不無抱抑之歎」。因所有降清人員中「有係康熙十三年以前，在外省墾荒，為題從征效力者，有康熙十三年以後，在本省效勞，見補經制遊、守、千、把員缺內有著績者。至於台灣新附人員，亦有勇敢歷練者。一旦棄置之，未免屈其已效之力，而辜其歸命之心」。再則，「若以功名未至八等，循例而棄之，已至八等，循例而用之，是循資格以待人」。事實上，「未至八等者，其才略未必皆遜於已至八等者之員」，況清廷每「三年一試武場，不過欲廣搜天下人材。然所合中式，雖弓馬略諳，而未歷戎伍，未經戰攻，何若此等之糾糾武夫，慣精於疆場，用之較有實效也」，琅乃建議：

> 不若洪開格外隆恩，敕下督、撫、提，將新舊投誠各官，見在閩省者，視行考驗，其中果老弱病廢，無一技之長，原係有歷經任遊守千把者，准其原品致仕；未經任事者，聽其原籍安插歸農；果係年力精壯，膽氣勇敢，歷練戰鬥者，酌定銜劄，量給俸餉，會隨督、撫、提標下效勞，許以遇缺保題一二補用……使新舊投誠，老弱者遂安處之榮，精銳者有功名之用（註廿五）。

琅此建議，是否被採納？康熙三十五年（一六九六）三月琅上「君恩深重疏」中提及：

> 施韜、韓瑞、董義、丘建、林應五員亦經保題，部覆以係十三年以後投誠，停其錄用在案。此數員皆係從征效力之人，臣不敢泯滅其功，仰冀皇上簡拔先用（註廿六）。

顯而易見，施琅之建議未獲清廷採納。

第四節　施琅對台灣開發的影響

一、力爭保台之貢獻
——台灣納入清帝國版圖

台灣若無琅之力爭保留，命運何堪。郁永河於康熙三十六年（一六九七）至台灣採硫礦曾言：

●荷蘭人對於台灣垂涎不已。

今既有其地（台灣），而謂當棄之，則琉球、日本、紅毛（荷蘭）、安南、東京（國名，本交趾）諸國必踞之！琉球最稱小弱，素不爲中國患，即有之，亦不能長守爲中國藩籬；安南、東京，構兵不解，無暇遠圖；日本最大，獨稱強國；紅毛狡黠，尤精戰艘火器，又爲大西洋附庸；西洋人務爲遠圖，用心堅深，不可測識，幸去中國遠，窺伺不易；使有台灣置足，則朝去暮來，擾害可勝言哉？鄭鑒不遠，何異自壞藩籬，以資寇巢，是智者所不爲也！犄角三城，搤隘各港，堅守鹿耳，外此無良圖矣（《裨海記遊》卷下）！

●荷人佔領台灣的船艦。

所言琉球、日本、荷蘭、安南、東京等國皆覬覦台灣，而具有力量佔領者則爲日、荷。日本正處於鎖國時期（一六三八～一八五三），暫不可能對外戰爭。荷蘭曾入據台灣，若非鄭成功驅之，荷人必不離去。若清廷棄守，荷蘭極可能入據。如此，台灣是否能重入中國懷抱乎！

連雅堂於《台灣通史》序文，開頭即云：

台灣固無史也，荷人啓之，鄭氏作之，清代

營之，開物成務以立我丕基誠然，言台灣的開發，首推鄭成功。然成功入台半年即逝（註廿七），滿懷壯志，未及實施。經嗣位，執政近二十年（註廿八），與其父相較，能力遠遜，且悉委政勇衛陳永華。永華雖頗有建樹，然仍偏重軍備，忽略台地開發。至於克塽，幼弱嗣位，無實權，僅兩年即降，談何建設？綜觀鄭氏三代，對台之開發、經營，並無大建樹，而眞正開發、經營台灣者，應推清領時期，尤其清領末期，此即連氏所謂：「清代營之」。

若非琅上疏力爭，焉有此局面出現？誠如梁嘉彬老師稱施琅是「促使清廷開發台灣的第一功臣。」（註廿九）

又勞榦先生亦曾提到成功復台之貢獻：

> ……中華民族第一次有計劃的收復一個很大的島嶼，就是台灣，海南島的開發雖然比台灣早，但海南島比台灣小些，距離大陸近些，海南島的土地利用，也未曾趕上台灣。此其二。鄭成功開闢台灣，是中國人第一次在太平洋沿岸（以前只在內海）建立郡縣，使得中國開了大洋的窗户。此其三。台灣被荷人佔據，中華民族第一次收復歐洲人的殖民地。歷史上很少見在十六至十八世紀間，由非歐洲的人收復殖民地的。此其四。中國人在海島殖民；也是以台灣的人數最多，而且成效也最快。此其五。
>
> 總之，我們可以這樣說——中華民族過去是大陸民族，而由鄭成功收復台灣後，才有向海洋發展的新趨勢。近世世界的文明是海洋文明，中華民族若不能進步成海洋文化，則中華民族的文化前途將永遠是落伍的。鄭成功對中華民族之關係是如此重大……（註三十）。

若非施琅力爭保台，成功復台之貢獻，豈不大打折扣。惟琅之力爭，成功復台之歷史意義與價值更顯重大、可貴！換言之，琅不僅彰顯成功復台之功，也賡續成功開闢台灣之志業。保台貢獻之重大，至爲明顯！

二、對清初治台之影響
——棄留疏爲治台藍本

琅上「恭陳台灣棄留疏」，與清廷治台政策有極密切關係。有稱之爲清廷「治台政策的藍本」（註卅一）。實則，除此疏，琅之「壞地初闢疏」、

●台南大天后宮原為寧靖王府，施琅將之改為天妃宮（劉還月／攝影）。

「海疆底定疏」(註卅二)等，亦或多或少影響清廷初期治台政策。

琅於棄留疏，一再強調台灣於海防地位的重要，棄之，必爲外國所踞，清廷始勉強駐台。

因此，「清朝之不棄台灣，並不是源於領土、主權上的利益，更不知道經濟上的重要……其初

●台灣的先民圖像。

期治台政策，即是爲了東南沿海四省的安全而設計的。」(註卅三) 清廷治台政策，即偏於海防考慮，而忽略當地開發，亦即清初治台態度是消極的。

清廷持此消極政策，固與琅強調海防有關。實則琅「一切主張與動機，大都出於消極，希望台灣安定，國家不再受禍，無積極開發，經營之意」(註卅四)。遂上「壤地初闢疏」，請減租賦，希望台地居民安居樂業，成爲清廷順民。於「論開海禁疏」，琅此種消極觀念更見明顯。清廷爲對抗台灣鄭氏而行海禁，鄭氏降後，清廷取消禁令，商民又可出海貿易、捕魚，於靠海爲生的商民言，意義重大。琅卻上「論開海禁疏」就海防觀點提出異議，認爲：

> 天下東南之形勢在海而不在陸。陸地之爲患也有形，易於消弭；海外之藏奸也莫測，當思杜漸。更以台灣、澎湖新闢，遠隔汪洋，設有藏機叵測，生心突犯，雖有鎭營官兵汎守，間或阻截往來，聲息難通，爲患抑又不可言矣。

主張嚴海疆。「疏上，會監督閩海稅務郎中伍什巴請令防守海口官員稽察各船，有關海口照票者放行，無則拏報；上命左都御史達哈塔往會琅確議。旋議令關口稽核船數、人數，乃帶督、撫、提鎭責成汎員防範。」(註卅五) 並「嚴禁粤中惠、潮之民，不許渡台；蓋惡惠、潮之地，數爲海盜淵藪而積習未忘也。琅沒，漸弛其禁，惠、潮民乃得越渡。」(註卅六) 琅此消極觀念，深深影響清初對台之政策。

除政策外，實際措施亦頗多受琅影響。

㈠官員任期方面。琅於棄留疏中建議：「台灣設總兵一員……其防守總兵、副、參、遊等官，定以三年或二年轉陞內地，無致久任，永爲成例。」清廷納之：

> 台灣各官，自道員以下，教職以上，俱照廣西南寧等府之例，將品級相當現任官員內揀選調補，三年滿即陞。若無品級相當堪調之員，仍歸部選。著爲令。(註卅七)
>
> 康熙三十三年題准：台灣各官，均令遴選調補；三年俸滿，如能稱職，以應升之缺即用。(註卅八)

武職固以三年爲任期，文職亦如此。

㈡兵制方面。亦見於琅之棄留疏中：

……海氛既靖，內地溢設之官兵，盡可陸續汰減，以之分防台灣、澎湖兩處。台灣設總兵一員、水師副將一員、陸師參將二員，兵八千名；澎湖設水師副將一員，兵二千名。通共計兵一萬名，足以固守。又無添兵增餉之費。其防守總兵、副、參、遊等官，定以三年或二年轉陞內地，無致久任，永為成例……

八旗不善水戰，遠渡重洋戍防台灣，似不相宜。若欲戍守台灣，惟賴綠營。綠營由漢人組成，清廷不甚放心，恐其長久駐台，結成地方勢力，造成威脅，而琅建議「定以三年或二年轉陞內地，無致久任」正解決清廷困擾（註卅九）。遂行三年換班的班兵制。康熙二十五年（一六八六）正式成為定制：

福建總督王國安奏請台灣駐防兵丁，三年之中陸續更換。下部議行（註四十）。

清會典事例，亦提及班兵之實行：

康熙五十二年議准：台灣營兵以三年為滿，由內地營選年力精壯，有身家者撥往換班……（註四一）

清廷對台灣的政策，是消極防範，而非積極開發。而此觀念乃源琅之建陳。儘管是消極政策，但畢竟為一開端，否則怎有後來之逐漸瞭解台灣、認識台灣、重視台灣，更進而積極開發台灣呢？故就台灣開發言，施琅仍是功不可沒。

康熙二十二年琅入台受降期間，曾設西定坊書院（註四二）為時不長（註四三），但為清領台設書院之始，對往後台灣文教發展頗有助益。

以上屬於琅在台灣所留正面之影響，然琅到底係一「粗魯武夫」、「度量褊淺，恃功驕縱」，在台行事，仍有為人所詬病者：

……乃將軍（指施琅）以下，復取□鄭文、武偽業，或托招佃之名，或借墾荒之號，另設管事照舊收租（註四四）。

將軍如此作法，上行下效，以下各員也置莊田以飽私囊，而為吏治敗壞原因之一（註四五）。另外，琅還在澎湖徵收漁稅，直到乾隆年間才正式廢除：

乾隆二年四月二十五日，內閣奉上諭：朕查閩省澎湖地方，係海中孤島，並無田地可耕。附島居民，咸置小艇捕魚，以餬其口。昔年提臣施琅倚勢罷佔，立為獨行，每年得規禮一千

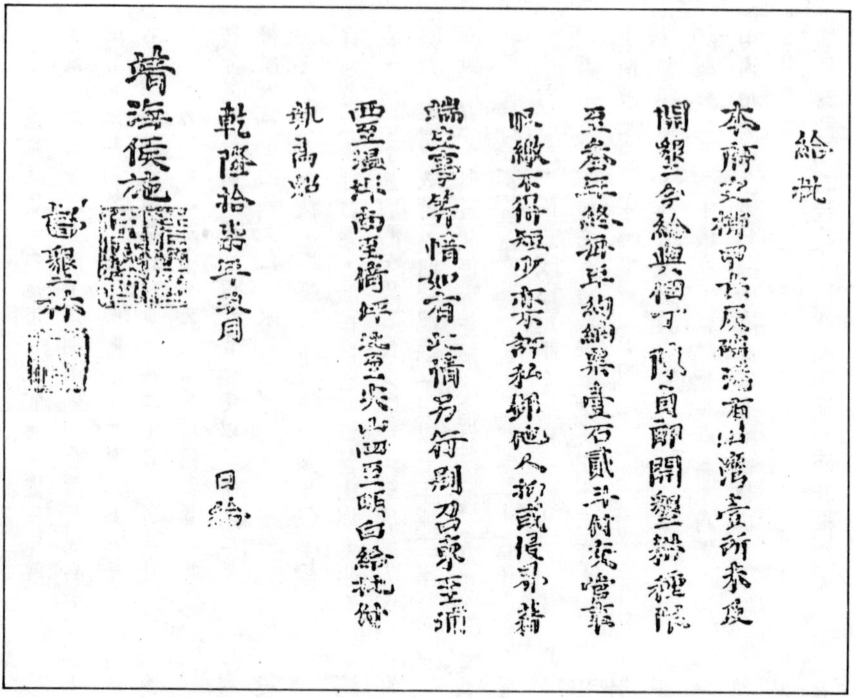

給批

本府之埔甲仔尾磚港有山灣壹所東至

開墾今給與佃丁陳自郎開墾耕種限

至每年終每甲納粟壹石貳斗付莊管收

收繳不得短少粟部私歸他人如敢侵吞藉

端生事等情如有此情另行別召承墾

西至溫拱南至倚坪北至火山四至明白給批付

執爲照

乾隆拾柒年　　月　　日給

靖海侯施

鄧璦林

●同治十年施琅與墾戶訂的佃契。
(出自台灣灰磘港陳氏族譜)

二百兩，及許良彬到任後，遂將此項奏請歸公，以爲提督衙門公事之用，每年交納，率以爲常。行家任意苛求，漁人多受剝削，頗爲沿海窮民之擾累。著總督郝玉麟宣朕諭旨，永行禁革（註四六）。

琅平台有功，清廷封爲靖海侯，世襲罔替，並給地永爲世業。琅乃招漳泉移民開墾，收取大租。此土範圍相當廣大。據調查，前嘉義廳管內約計二百零九甲，前鹽水廳管內約計一千五百七十六甲，前鳳山廳管內有一千二百餘甲。以永久業主靖海侯施的名義管理，被稱爲「施侯租地」。所收稅租，稱爲「施侯租」（註四七）。施侯近三千甲租地，每年所收施侯租，相當可觀，琅竟貪得無饜，又佔徵澎湖魚稅，終留下惡名，保台之功，遂黯然無光，實得不償失也！

附註

註　一：《清聖祖實錄》卷一百一十一、康熙二十二年八月甲寅條。

註　二：《清聖祖實錄》卷一百十四、康熙二十三年正月丁亥條。

註　三：同上。

註　四：《清聖祖實錄》卷一百十五、康熙二十三年四月己酉條。

註　五：蘇同炳《台灣今古談》、頁七四，引自《蓉洲文稿》。

註　六：《靖海紀事》、卷下、「恭陳台灣棄留疏」後面所附之「八閩紳士公刊原評」。

註　七：同註五。

註　八：參考蘇同炳《台灣今古談》。

註　九：《清聖祖實錄》、卷一百十二、康熙二十二年十月丁未條。

註　十：李清植《（李）文貞公年譜》卷上：「重洋之險，守則必設重戍，設重戍而因業，其子孫一旦瀕海有警，隱然有夜郎自大之勢，竊計台灣固紅毛地，若乘國威遠播，丐其地與紅毛，而令世守輸貢，似尤永逸長安之道。」

註十一：《靖海紀事》、卷下「恭陳台灣棄留疏」。

註十二：郁永河《裨海紀遊》、文叢本四十四種卷下。康熙三十六年，郁永河至台灣採硫礦，仍有議者認爲：「海外丸地，不足爲中國加廣，裸體文身之番，不足與共守；白費天府金錢於無異，不若徙其人而空其地」。

註十三：參考張世賢〈清代對於海防地位之認識〉、《台灣文獻》二十七卷二期

註十四：《靖海紀事》、卷下、〈舟師抵台灣疏〉。又朱鋒、〈施琅在台受降時日及地點考〉、《台南文化》四卷一期則云：「十三日是施琅的先遣部隊先行抵台接管，一切就緒，琅乃於十五日躬親直抵赤崁正式受降」，茲從施琅奏疏。

註十五：郭廷以《台灣史事概說》頁九十二。

註十六：《靖海紀事》卷上，頁五九至六三收有此疏。又，高拱乾《台灣府志》、文叢本六五種、卷十〈藝文志〉奏議條頁二三一至二三四亦收之，然題為：「請留台灣疏」。

註十七：高拱乾《台灣府志》卷一〈封域志〉建置條。

註十八：《清聖祖實錄》卷一百一十一、康熙二十二年八月戊辰條。

註十九：《靖海紀事》卷下、「移動不如安靜疏」。此疏上疏日期，文叢本頁六五載為「康熙二十三年三月初一日」，然台灣分館藏、康熙年間刊本之《靖海紀》第三冊頁六二則作「康熙二十三年三月初十日。」前者可能手民誤植。

註二十：《清聖祖實錄》卷一百十八康熙二十三年十二月甲辰條。

註廿一：《台灣外記》卷十。

註廿二：同註六。

註廿三：《靖海紀事》卷下〈壞地初闢疏〉。又，范咸重修《台灣府志》、卷二十、藝文(一)奏疏條、亦收之，然題為「請蠲減租賦疏」。

註廿四：連雅堂《台灣通史》、卷三〈經營紀〉。然參考張菼〈清代初期治台政策之檢討〉、《台灣文獻》二十一卷一期，則云：「清領台灣之初，上則田每甲納穀八石八斗，表面上看，較鄭氏時代的官佃田的每年每甲納穀十八石者為低——僅合百分之五十不到，但，實際上反而重一倍有餘……『官佃』所繳的十八石田賦，實質上含有土地租舍在內，並有陂、塘、堤、圳之修護，構築以及牛、種、農具的供給在內，田賦的成份很少，那麼田賦的含量究為多少呢？這可以用文武官的賦額為例，文武官田的佃農對墾主祇繳租金，而墾主向鄭氏幕府所繳田賦，上則田每年每甲納穀是三石六

斗；因此，鄭氏時代上則田的最高賦額是每甲每年三石六斗，所以清代收八石八斗，實重一倍有餘。」

註廿五：《靖海紀事》卷下〈收用人材疏〉。余文儀《續修台灣府志》、文叢本一二一種、卷二十〈藝文〉㈠亦收此疏，然題爲「請收拾遺棄人材疏」。

註廿六：《靖海紀事》卷下、〈君恩深重疏〉。此疏上疏日期文叢本載爲康熙三十五年三月二十二日，查《靖海紀》（台灣分館藏、康熙年間刊本）第六冊、頁八六則作二十一日，又琅去逝日期，據臨濮堂施氏族譜爲二十一日，顯見文叢本誤也。

註廿七：《閩海紀要》卷上：「順治十八年（明永曆十五年）十二月……成功縱其（紅夷酋長揆一）歸國，台灣平……康熙元年（明永曆十六年）五月庚辰，明招討大將軍延平王晉封潮王國姓成功殂於東都。」前後總計鄭成功在台不過六個月。

註廿八：同上。鄭經在位期間，由康熙元年（明永曆十六年）至康熙二十年（明永曆三十五年）卒，共計十九年。

註廿九：梁嘉彬師、《中國外交史》筆記、民國六十七年十二月七日。

註三十：「鄭成功復台三百週年座談會記錄」、《台灣文獻》十二卷一期、頁一六一。

註卅一：張菼、〈清代初期治台政策之檢討〉、《台灣文獻》二十一卷一期。

註卅二：《靖海紀事》卷下錄有〈海疆底定疏〉。然范咸重修《台灣府志》、卷二十〈藝文〉㈠、頁六一四至六一八亦收之，然題爲〈論開海禁疏〉。

註卅三：同註卅一。

註卅四：郭廷以、《台灣史事概說》頁九五。

註卅五：《國朝耆獻類徵初編》卷二七六、將帥十六、施琅〈國史館本傳〉。

註卅六：余文儀、《續修台灣府志》、《台灣文獻叢刊》一二一種卷十一、武備㈢、義民條之附考。

註卅七：周鍾瑄《諸羅縣志》、台灣叢書第一輯、台灣方志彙編第二冊之㈠卷三、秩官志、秩官條。

註卅八：《欽定大清會典事例》卷六十五「吏部」、「漢員遴選」中之「台灣調補」條。

註卅九：同註卅一。
註四十：《清聖祖實錄》卷一百二十七、康熙二十五年八月庚辰條。
註四一：《欽定大清會典事例》卷六百二十四兵部、「綠營處分例」之「拔補」條及卷七百十四、兵部「兵籍」之「各省考拔營兵」條。
註四二：高拱乾《台灣府志》卷二〈規制志〉、書院條、及周元文《重修台灣府志》、文叢本六六種、卷二規則志、書院條。
註四三：因施琅所建西定坊書院僅見高拱乾《台灣府志》（康熙三十四年修）及周元文《重修台灣府志》（康熙四十九年修），往後再修之府志，則未見記載，可見設立時間並不長。
註四四：陳文達《台灣縣志》、台灣叢書第一輯、台灣方志彙編第二冊之㈡卷十〈藝文志〉、公移類、季麒光撰《再陳台灣事宜文》。
註四五：參考註卅一。
註四六：中研院史語所編、明清史料戊編第一本、頁四二。
註四七：參考台南縣文獻委員會編纂組編、〈施侯租田園〉、〈南瀛文獻〉二卷一、二期合刊。及惠邨撰、〈清代台灣之租賦〉、〈台灣文獻〉十卷二期。另，台灣銀行經濟研究室編《清代台灣大租調查書》文叢本一五二種第六冊、列有三份施侯租之契約。此外，筆者曾於陳金仕編、台灣灰磘港陳氏族譜中發現乾隆十七年之施侯租文件乙分，附於後，供作參考。

7／結論

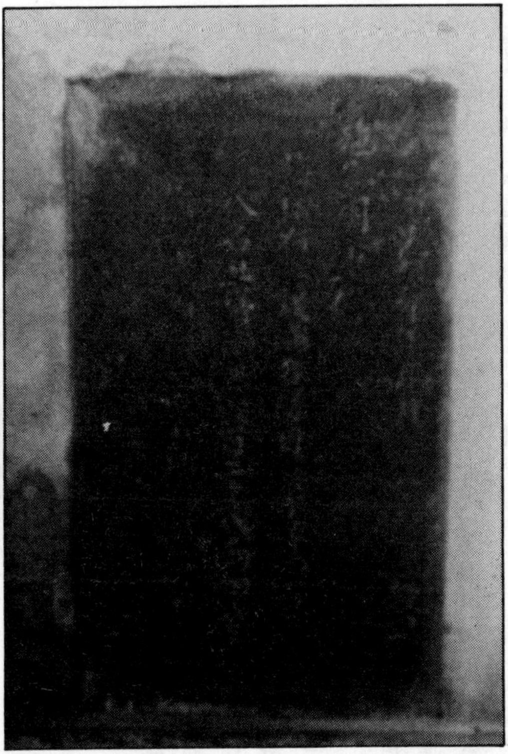

第一節　施鄭問題的思索

筆者於緒論中，曾以施琅爲中心，提出四個問題爲探究核心。而今，我們探討過這個事件的前因與後果，大膽提出個人的觀點，供大家共同來思索：

一、施鄭衝突：一般以曾德事件爲施鄭衝突之主因，實則雙方衝突的根本原因在於思想、個性的尖銳對立。琅自恃、驕縱，只求升官發財，毫無國家、民族觀念；成功剛烈、果決，以匡復明室爲職志，其決裂乃屬必然。琅恃才倨傲，爲成功下今逮捕，逃脫後，成功殺其父弟，琅遂托足清廷，圖報殺父亡弟之仇。琅跋扈被捕，固罪有應得，成功處置失當，亦難辭其咎。琅懷恨在心，處心積慮欲瓦解明鄭洩憤，於六三高齡猶冒風濤之險，率軍攻澎平台，明鄭於焉告終，成功地下有知必悔不當初！

二、施姚恩怨：啓聖督閩期間，以分化、招撫、利誘等手段逼退鄭軍，繼而四度保薦琅，欲利用其作爲平台工具，其動機不純，於琅有恩確係事實。琅一則不願受擺佈，二則欲報仇立功，三則力主乘南風平台，遂與啓聖有隙。琅終以一戰之力，攘功奪權，得靖海之封，難免有忘恩負義之嫌，啓聖遂悒快以終。就平台言，啓聖有「先事之勞」（註一），琅有克澎戰功，二者相輔相成，均有其無法泯滅之貢獻。

三、澎湖之役：琅取得專征權後，採取主動，積極部署攻澎。明鄭則消極佈防，處於被動。會戰爆發，鄭將劉國軒過度依恃天時（颶風）、地利（八罩險惡），喪盡先機，遂敗。肯定澎湖的地位，深得天時未遇風暴，則爲琅勝主因。澎湖雖失，明鄭若能團結一致，和衷共濟，尚有可為，然自東寧政變，弒主奪權，已動搖國基，澎湖一失，幼主無法應變，註定明鄭覆亡之命運。「團結即力量」乃千古不易定律，歷史教訓，後人自當深思！

四、琅力爭保台：清廷不瞭解台灣情形，又缺乏海防認識，而欲棄守。琅曾親履其地，深悉重要性，遂上疏力爭，台灣始納入清帝國版圖。琅此舉賡續了鄭成功驅荷，開發台灣之遺志，貢獻頗鉅！此外，建議減租賦、降卒還籍安挿、善用投降人員等，對於善後處理，也頗有貢獻。「棄留疏」更成為清廷「治台政策的藍本」，琅影響之重大，於此明矣！

●道光年間所立的匾額猶具史料價值。

第二節　施琅之評價

公平而客觀的予琅評價，不因其過而掩其功（註二），亦不以其功飾其失，爲研究歷史的動機之一。施琅一生波瀾起伏，倨傲之失、叛明之過、攘功之非、保台之功，集於一身，後世給予何等評價？此可由台人所立祠廟觀之。

據史料記載，台澎地區計有二座紀念施琅的祠廟。一爲台灣府台灣縣寧南坊檨子林的施將軍祠。原爲勇衛黃安住宅。康熙二十五年（一六八六）時人以琅入台不戮一人，且奏請保台，勿棄民、免遷徙，遂建祠以報之。康熙五十九年（一七二〇）地震祠圮，一直未再重建（註三）。另一爲澎湖媽宮澳（今馬公）東街的施將軍廟。由當地官民籌建（註四）。距今約七、八十年前遷至馬公鎮中央街一巷十號（註五），名「施公祠」，爲目前台澎地區惟一供奉施琅的祠廟，筆者曾親臨其地，位於天后宮左側小巷中，爲一平屋式建築，十分簡陋。據項秋霞女士稱，此爲私人財產，前住持項清三已逝，目前無住持，由其負責管理（註六）。祠內較具史料價值者，僅道光十五年福建澎湖水師副總兵官詹功顯所立「寰海皆春」匾額，及道光二十三年重修施公祠所立之碑石。比較二祠興廢，發覺台民雖感琅恩德，立祠祀之。但，琅究爲平鄭叛將，故於其祠傾毀後，未再重建。雍正十年，曾命入祀台南孔廟名宦祠，有人爲詩譏之：「施琅入聖廟，夫子莞爾笑；顏淵喟然嘆：吾道何不肖！子路慍見曰：此人來更妙，夫子行三軍，可使割馬料！」（註七）。於澎湖居民心目中，可能因琅親率士卒攻克，故評價較高，將琅神化，香火不斷，至今仍祠之。

●重修施公祠所立之碑石。

琅固有其缺點、過失，吾人卻不能因而泯其保台之功，故「就民族革命的觀點來論，施琅應是一個罪人，從國家統一的觀點來論，則爲一位功臣。而其力爭台灣之斷不可棄，則於民族國家均有功。否則……漢人流血流汗所經營開發的台灣，勢將與祖國分離。十七世紀晚期以後，正值歐洲國家積極在東方掠奪領土之時，台灣又爲荷蘭西班牙英國舊遊之地，她們決不會輕易放過，台灣的地位將不堪想像」（註八），正是持平之論！

附註

註　一：趙爾巽《清史稿》清代史料彙編、卷二六六、列傳四七。

註　二：施溪潭〈明鄭覆亡的關鍵人物——施琅〉、古今談十三期、頁十九：「綜觀琅於台灣之功績，誠可與沈葆楨、劉銘傳諸人媲美，然今人鮮聞其名，何故？是以其於台灣之功績，爲叛明，事異核諸罪狀所掩沒是也。」

註　三：參考李元春《台灣縣志》、文叢本十八種、卷一〈勝蹟〉、劉良璧《重修福建台灣府志》、文叢本七四種、卷九〈典禮〉附祠祀條，連雅堂《台灣通史》卷十〈典禮志〉。

註　四：蔣鏞《澎湖續編》文叢本一一五種、卷上〈地理紀〉。

註　五：陳知青《澎湖史話》頁一九〇。

註　六：口頭訪問稿（項秋霞、五十七歲、家務、民國六十七年八月九日、澎湖馬公）。另蔡平立撰《馬公市志》（澎湖・馬公市公所論，民國七十三年五月）卷十三，頁七一三也提到施公祠：「……原施公祠，建於現省立澎湖醫院之地，中法戰爭受損，後日本據澎，以該地建病院，則由施琅部屬，項秀明遷至大井（即萬軍井）之北側自建小廟，現廟係項炎興於民國五十九年重修者。」

註　七：連橫《雅言》、文叢本一六六種頁二五、第五五則。

註　八：郭廷以《台灣史事概說》頁九四。

附錄

施琅簡譜（註一）

辛酉、明天啓元年（一六二一）、一歲。

二月十五日酉時，郎生於福建晉江南潯鄉。

甲子、明天啓四年（一六二四）、四歲。

七月十四辰時，鄭成功生於日本平戶。

是年，姚啓聖生於浙江會稽，荷蘭人入據台灣。

丁卯、明天啓七年（一六二七）、七歲。

八月，熹宗崩，毅宗立，以明年爲崇禎元年。

庚午、明崇禎三年（一六三〇）、十歲。

是年，成功歸自日本。

癸未、明崇禎十六年（一六四三）、二三歲。

十月二日未時，鄭經生於福建南安（註二）。

甲申、明崇禎十七年、清順治元年（一六四四）、二四歲。

三月，李自成陷北京，思宗崩於萬壽山。

五月，淸世祖入據北京，建元順治，明福王即位南京，以明年爲弘光元年。

乙酉、明弘光元年、隆武元年、清順治二年（一六四五）、二五歲。

五月，福王被擄。

六月，魯王監國於紹興。

閏六月，唐王稱號於福州，改元隆武。

八月，隆武帝詔賜平國公鄭芝龍長子森，賜姓朱，名成功。

是年，郎任左衝鋒。

丙午、明隆武二年、監國元年、清順治三年（一六四六）、二六歲。

八月，唐王被執於汀州。

九月，芝龍自安平奉表降淸，郎隨之。

十月，桂王監國於肇慶。十一月稱號，以明

年爲永曆元年。

十二月，成功起兵南澳。

丁亥、明永曆元年、監國二年、清順治四年（一六四七）、二十七歲。

十月，清總兵施郎奉命與「梁立同提督李成棟、監軍戚元弼等援剿順德縣海寇，多所斬獲」。

●施琅侯府印。

十二月，成功招郎，郎附之。

己丑、明永曆三年、監國四年、清順治六年（一六四九）、二十九歲。

三月，成功遣郎等攻漳浦，守將王起鳳降。

十月，成功分兵三路攻雲霄，左先鋒郎領左路，克之。

十二月，郎克潮陽達壕寨、揭陽白灰寨。

庚寅、明永曆四年、監國五年、清順治七年（一六五〇）、三十歲。

正月，郎克溪頭寨。

四月，成功攻新墟寨郝尙久，郎奮勇作戰，生擒尙久中軍陳祿。

五月，郎奉成功令招降萬禮。

六月，成功進圍潮州，令郎督先斷橋。

八月，郎獻計成功襲鄭彩、鄭聯，取金、廈爲根據地。

閏十一月，後勁鎮陳斌與郎不睦，率兵逃，成功不悅。

辛卯、明永曆五年、監國六年、清順治八年（一六五一）、三十一歲。

正月（清曆二月），成功率兵南下勤王，至南澳，郎告曰夢中不利，成功知其意，以蘇茂代其左先鋒職務，郎遂回中左。

二月（清曆閏二月），清巡撫張學聖、提督馬得功趁成功南下，進襲廈門，守將鄭芝莞遁，郎率陳壎等數十人激戰，敗之。

四月，成功得報回師，議功罪，斬芝莞，賞郎銀二百兩，郎欲復職，啓請為僧，以揣成功意，成功令再募兵，郎不報，且與右先鋒黃廷細故，未幾，成功拔郎親隨曾德，郎得知即出令箭拿回，成功不悅。

五月，成功下令逮捕郎及其父弟，郎脫，降清，父弟為成功所殺。

甲午、明永曆八年、清順治十一年（一六五四）、三四歲。

十一月，清漳州協守劉國軒獻城投成功（註三）。

十二月，鄭軍克復同安、南安、惠安、安溪、永春、德化等地，惟泉州城守韓尚亮用郎之謀，開壕築臺，擁兵堅守（註四）。

乙未、明永曆九年、清順治十二年（一六五五）、三五歲。

三月，改中左所（廈門）為思明州。

丙申、明永曆十年、清順治十三年（一六五六）、三六歲。

正月，清軍攻揭陽，左先鋒蘇茂輕敵兵敗。

三月，成功議揭陽喪師之罪，斬蘇茂、罰黃梧。

六月，前衝鎮黃梧據海澄降清。

丁酉、明永曆十一年、清順治十四年（一六五七）、三七歲。

二月，黃梧薦郎為同安副將，郎乃改名為「琅」。

六月，左衝鎮洪善守連江港，原為琅屬下，琅以書誘之，未報受罰（註五）。

九月，清軍攻閩安，鄭將護衛前鎮陳斌、神器鎮盧謙守羅星塔，琅招之，降，仍被殺。

己亥、明永曆十三年、清順治十六年（一六五九）、三九歲。

是年，成功與張煌言聯軍北伐，進圍南京，未幾兵敗，退返金、廈。

庚子、明永曆十四年、清順治十七年（一六六

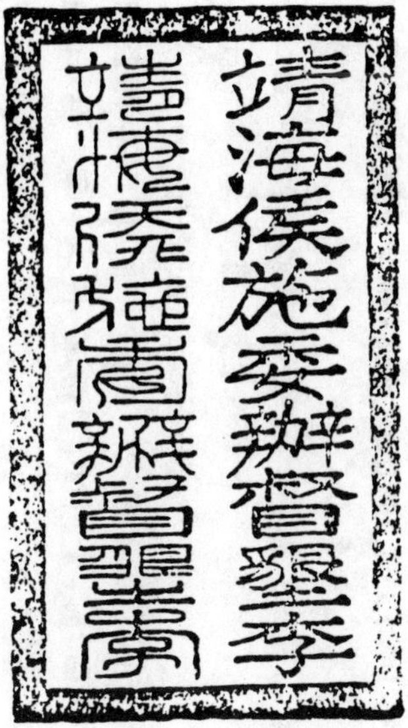

●施琅督鑍印。

〇）、**四十歲**。

五月，清軍攻思明，琅與寧南將軍達素出同安港，因恃與守將陳鵬有約，大敗。

辛丑、明永曆十五年、清順治十八年（一六六一）、四一歲。

正月，清世祖崩，玄燁嗣立，以明年爲康熙元年。

三月，成功興師攻台。

五月，成功改台灣爲東都，改赤嵌城爲承天府，置天興、萬年二縣。

閏十月（清曆十月），琅升爲同安總兵官。

十二月，荷蘭人戰敗離台，全台歸鄭氏。

壬寅、明永曆十六年、清康熙元年（一六六二）、四二歲。

四月，吳三桂弒永曆帝於昆明。

五月，成功卒於東都。

七月，琅升爲福建水師提督。

九月，鄭經至台嗣立，殺黃昭、蕭拱辰等，因彼欲擁立鄭襲以拒經。

十一月，魯王卒於金門。

癸卯、明永曆十七年、清康熙二年（一六六三）、四三歲。

十月，清與荷蘭聯軍攻思明，琅與黃梧出海澄，鄭軍敗，棄金、廈，退守銅山。

是年，姚啓聖應試得第一，授爲廣東香山縣知縣。

甲辰、明永曆十八年、清康熙三年（一六六四）、四四歲。

三月，經棄銅山，退保東都。

七月，琅升爲靖海將軍。

八月，經改東都爲東寧，升天興、萬年二縣爲州。

乙巳、明永曆十九年、清康熙四年（一六六五）、四五歲。

四月，琅率軍攻台，阻風而返。

八月，琅因克金、廈功，加右都督。

丁未、明永曆二十一年、清康熙六年（一六六七）、四七歲。

十一月二十四日，琅上「邊患宜靖疏」，主以武力攻台。

戊申、明永曆二十二年、清康熙七年（一六六八）、四八歲。

四月，琅上「盡陳所見疏」，仍力主東征。終不爲清廷所採，寢其奏，並裁水師提督，琅內調。

己酉、明永曆二十三年，清康熙八年（一六六

九）、四九歲。

是年，廣東香山縣知縣姚啓聖削官。

庚戌、明永曆二十四年、清康熙九年（一六七〇）、五十歲。

是年，鄭經次子克塽生於東寧（註六）。

癸丑、明永曆二十七年、清康熙十二年（一六七三）、五三歲。

十一月，吳三桂反清於雲南。

甲寅、明永曆二十八年、清康熙十三年（一六七四）、五四歲。

是年，三藩亂起，鄭經率軍西征，各有勝負。

乙卯、明永曆二十九年、清康熙十四年（一六七五）、五五歲。

是年，啓聖平土賊有功，升浙江溫處道僉事；鄭經轉戰於閩粵諸地。

丙辰、明永曆三十年、清康熙十五年（一六七六）、五六歲。

十月，啓聖升爲福建布政使。

是年，鄭軍轉戰尚順利，然十月耿精忠降清後，則漸趨下風。

●清廷領台後，大肆倡建媽祖廟（劉還月／攝影）。

丁巳、明永曆三十一年、清康熙十六年（一六七七）、五七歲。

是年，鄭軍所佔閩粵諸地陸續失陷。

戊午、明永曆三十二年、清康熙十七年（一六七八）、五八歲。

是春，鄭軍復襲沿海，清軍屢敗，五月清廷以郎廷相喪師失地解其任，擢啓聖爲閩督。

鄭軍復取長泰、漳平、永春等地，清遣大軍來援，不敵。九月，退保海澄。

己未、明永曆三十三年、清康熙十八年（一六七九）、五九歲。

正月，啓聖設修來館於漳州，以收買鄭氏叛將、兵民。

四月，鄭經依陳永華議，以克壓監國。

庚申、明永曆三十四年、清康熙十九年（一六八〇）、六十歲。

二月，鄭軍援剿前鎮施明良（原名施亥）、副將施世澤（原名施齊）與啓聖密通，事發處斬。

是月，鄭經棄金、廈，東返。

七月，陳永華卒。

辛酉、明永曆三十五年、清康熙二十年（一六八一）、六一歲。

正月二十八日，鄭經病卒東寧。

正月三十日，馮錫範與諸鄭謀殺克壓。

二月一日，錫範等擁立年僅十二歲的克塽。

七月二十八日，琅在姚啓聖、李光地力薦下，復出爲福建水師提督。

十月六日，琅至閩抵任。

是月，鄭軍賓客司傅爲霖通清事洩，下於獄。

壬戌、明永曆三十六年、清康熙二十一年（一六八二）、六十二歲。

三月一日，琅上「密陳專征疏」，主乘南風進剿東寧。

五月，琅見船隻齊備欲東征，與啓聖意見相左，未成。

七月十三日，琅上「決計進剿疏」，再度闡明主乘南風主因由。

十月六日，琅取得專征之權。

十一月三日，琅移師平海，侯風進發。

十一月二十五日，琅上「舟師北上疏」，強調機會可行，即先取澎湖。

●台灣媽祖信仰的開拓，始於清朝領台（劉還月／攝影）。

十二月，啓聖遣黃朝用招撫東寧。

癸亥、明永曆三十七年、清康熙二十二年（一六八三）、六三歲。

正月二十一日，琅上「海逆形勢疏」，堅持主剿。

四月十六日，琅上「海逆日蹙疏」，重申乘南風進剿之決心。

五月二十三日，和議未果，康熙趣琅進兵。

六月十四日，琅率軍由銅山東征。

六月十六日，琅與守澎鄭將劉國軒交戰，國軒小勝。

六月二十二日，琅與國軒再度會戰，琅勝克澎，國軒敗退東寧。

六月二十六日，琅上「飛報大捷疏」，向清廷報捷。

閏六月四日，琅發布「曉諭澎湖安民示」。

閏六月八日，東寧遣使請降，琅拒。

閏六月十一日，琅上「賚書求撫疏」，陳東寧請降。

七月十五日，東寧重修降表至澎議降，琅納之。

七月十六日，琅發布「安撫輸誠示」，並派侍衛吳啓爵往台曉諭。

七月二十四日，琅上「台灣就撫疏」。

七月二十七日，琅上「賚繳冊印疏」。

八月九日，琅上「報入台灣疏」，擬至臺受降。

八月十三日，琅抵台受降。

八月十八日，克塽暨各官悉薙髮。

八月十九日，琅上「舟師抵台疏」。

八月二十日，琅發布「諭台灣安民生示」。

八月二十二日，琅祭成功廟。

八月二十三日，琅踏勘台島南、北二路。

是月，克塽及明宗裔朱桓等人，移入內地。

九月十日，琅加授靖海將軍，封靖海侯，世襲罔替。

十一月二十二日，琅班師內渡。

十二月二十二日，琅上「恭陳台灣棄留疏」，力爭保台。

是月，啓聖以功不及己，卒。

甲子、清康熙二十三年（一六八四）、六四歲。

三月十日，琅上「移動不如安靜疏」，建議降卒原籍安插。

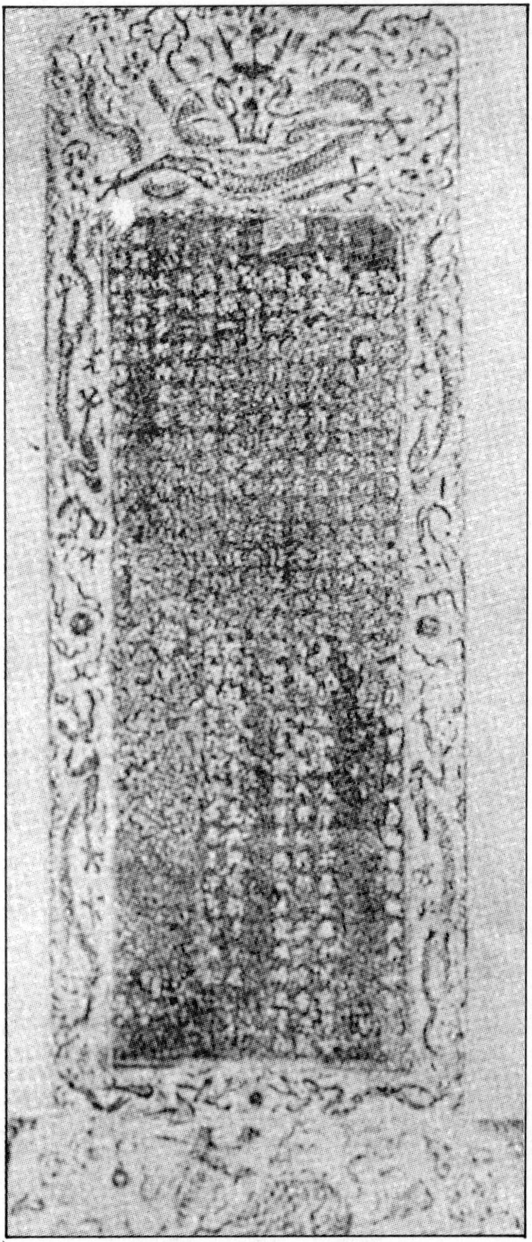

●台南大天后宮內現存的「平台紀略碑」。

四月十四日，台灣隸福建省，下置台灣、鳳山、諸羅三縣。

九月二十九日，琅上「壤地初闢疏」，建議減租賦。

是年，琅將位於鎮北坊赤嵌城南（今台南）之明寧靖王宅邸改爲天妃宮（註七）。

乙丑、清康熙二十四年（一六八五）、六五歲。

三月十三日，琅上「海疆底定疏」，請嚴海疆。是日，又上「收用人材疏」，建議善用投降人員。

丙寅、清康熙二十五年（一六八六）、六六歲。

十二月，琅立御書碑亭於泉州公廨，爲福建提督張雲翼參奏。

戊辰、清康熙二十七年（一六八八）、六八歲。

七月十五日，琅入京陛見。

癸酉、清康熙三十二年（一六九三）、七三歲。

是年，琅復進京朝見。

丙子、清康熙三十五年（一六九六）、七六歲。

三月二十一曰，琅卒。

丁丑、清康熙三十六年（一六九七）、死後一年。

三月十六日，受贈太子少傅、光祿大夫。三月二十三日，謚「襄壯」。

庚戌、清雍正八年（一七三〇），死後三十四年。

是年，入祀賢良祠。

壬子、清雍正十年（一七三二）、死後三十六年。

是年，入祀台南孔廟名宦祠。

附註

註一：本簡譜參考：

㈠國防研究院明史編纂委員會《明史》（台北、國防研究院、民國五十二年四月台初版）第六冊、頁三八九八至四一二八「明史大事年表」。

㈡張柄楠監修《台灣省通志》（台北、台灣省文獻會、民國五十七年六月三十日）卷首下、盛清沂、莊金德等纂修《大事記》。

㈢黃天健《海天孤憤》（台北、民國三十九年三月台初版）頁二一三至二三七「鄭成功事蹟暨有關史實年表」。

㈣林熊祥、陳世慶合編〈賜姓成功事蹟及明鄭一代有關史實年表〉、《文獻專刊》一卷三期（民國三十九年八月二十七日）頁十一至三四。

若未見於上述文章或本文中未提及者、另加註以明之。

註二：採張菼《鄭經鄭克塽紀事》、台灣研究叢刊八六種（台北、台灣銀行經濟研究室、民國五十五年六月）頁二之推算。

註三：楊英《從征實錄》、文叢本三二種（台北、台灣銀行經濟研究室、民國四十七年十一月）頁七一。

註四：同上、頁七二。及江日昇《台灣外記》、文叢本六十種（台北、台灣銀行經濟研究室、民國四十九年五月）卷四、頁一四二。

註五：楊著、前引書、頁一一三。

註六：張菼《鄭經鄭克塽記事》、頁六二依克塽嗣立之年推算。

註七：有關琅利用媽祖信仰達心戰效果，以瓦解鄭軍士氣，及倡建天妃宮之經過，可參閱《協和台灣叢刊3》，蔡相煇著《台灣的王爺與媽祖》一書。

參考書目

壹、專書

一、中文

甲、明清時代

作(編)者	書名	出版單位	出版時間(民國)	頁(冊、卷)數
六十七輯	使署閒情	台灣銀行經濟研究室據楊氏習靜樓藏清乾隆十二年序刊本排印	50.10.	四卷
王必昌纂	重修台灣縣志	成文出版社據國立中央圖書館台灣分館藏清乾隆十七年刊本影印	72.3. 台一版	十五卷
王先謙輯	東華錄	國立台灣師範大學圖書館藏清光緒十年刊本	58.2.	六一五卷
巴泰等	大清世祖仁皇帝實錄	華聯出版社	53.9.	一四四卷
方苞	方望溪先生全集	國立中央圖書館藏清咸豐元年戴鈞衡刊本	64.6.	十八卷
王源	居業堂文集	藝文印書館	54.	二十卷

江日昇	台灣外記	台灣銀行經濟研究室據方豪合校本排印	49.5.	三十卷
全祖望	鮚埼亭集	台灣商務印書館四部叢刊集部上海涵芬樓影印姚江借樹山房印本	68.11. 台一版	三八卷
李元度	國朝先正事略	文海出版社近代中國史料叢刊第十二輯據清同治年間刊本	61.2.	六十卷
李元春輯	台灣志略	成文出版社據國立台灣大學圖書館藏清道光十五年青照堂叢書刊本影印	72.3. 台一版	二卷
李天根輯	爝火錄	台灣銀行經濟研究室台灣文獻叢刊第一七七種	52.10.	三二卷
余文儀修 黃佾纂	續修台灣府志	成文出版社據國立中央圖書館台灣分館藏清乾隆三十九年原刻本影印	73.3. 台一版	二六卷
李光地	榕村全集	力行書局據清道光二年重刊本影印	58.1.	四十卷
沈定均續修 吳聯熏增纂	漳州府志	朱商羊據光緒三年沈定均修增刊漳州府志本影印	54.	五十卷
阮旻錫	海上見聞錄	民國二年上海商務印書館據金山錢氏藏抄本傳抄影印本		二卷

李桓輯	國朝耆獻類徵初編	明文書局據清光緒年間李氏藏版印行	59.3.	七二〇卷
李清植纂	李文貞公(光地)年譜	文海出版社近代中國史料叢刊第六十三輯影印本	61.2.	二卷
沈雲	台灣鄭氏始末	台灣銀行經濟研究室據吳興劉氏嘉業堂刊吳興叢書本重刊	47.6.	六卷
杜臻	澎湖台灣紀略	國立中央圖書館藏舊抄本(稽瑞樓秘册)		一卷
李鴻章等	欽定大清會典事例	成文出版社	52.1.	七二二卷
周元文重修	重修台灣府志	成文出版社據清道光十九年刊本影印	73.3. 台一版	十卷首一卷
邵廷采	東南紀事	台灣銀行經濟研究室據國立中央圖書館台灣分館藏邵武徐幹小勿校刊本	50.1.	十二卷
周凱等纂修	廈門志	成文出版社據清道光十九年刊本影印	56.12. 台一版	十六卷
林焜等纂	金門志	台灣銀行經濟研究室據清光緒八年法江書院刊本	49.10.	四二六頁

林豪纂 薛紹元刪訂	澎湖廳志	成文出版社據國立中央圖書館台灣分館藏清光緒二十年刊本影印	72. 3. 台一版	十四卷 首一卷
周鍾瑄修 陳夢林纂	諸羅縣志	成文出版社據日本內閣文庫藏清康熙五十六年序刊本影印	72. 3. 台一版	十二卷 首一卷
兪正燮	癸巳存稿	國立台灣師範大學圖書館藏清光緒十一年至十四年刊本		四卷
郁永河	裨海紀遊	成文出版社據方豪合校本附諸家印本影印	72. 3. 台一版	三卷
六十七 范咸纂修	重修台灣府志	成文出版社據國立中央圖書館台灣分館藏清乾隆十二年刊本影印	72. 3. 台一版	二五卷 首一卷
施琅	靖海紀	國立中央圖書館台灣分館藏清康熙三十七年諭祭，富鴻基、李光地序刊本		不分卷 共六册
施琅	靖海紀事	台灣銀行經濟研究室據伊能嘉矩氏蒐集台灣大學圖書館藏抄本重印	47. 2.	二卷
查繼佐	罪惟錄	台灣商務印書館據上海涵芬樓影印吳興劉氏嘉業堂藏手稿本印行	70. 2. 初版	九十卷

倪在田	續明紀事本末	中央研究院歷史語言研究所藏清光緒二十九年育英學社排印本		十八卷
梅村野史	鹿樵紀聞	台灣銀行經濟研究室據彭城全氏抄本	50.10.	三卷
袁枚	小倉山房文集	文海出版社近代中國史料叢刊續編第七十八輯據隨園藏版影印	70.1.	三七卷 補遺三卷 文集三五卷
高拱乾纂修	台灣府志	成文出版社據日本內閣文庫藏清康熙卅五年序刊補刻本影印	72.3. 台一版	十卷
夏琳	閩海紀要	台灣銀行經濟研究室據台灣詩薈本排印	47.4.	二卷
夏琳	海紀輯要	台灣銀行經濟研究室據中央研究院歷史語言研究所原抄本及台南文化五卷四期傳抄排印本校刊而成	47.6.	三卷
夏琳	閩海紀略	同右	47.7.	二卷
馬齊等修 德齡等纂	大清聖祖仁皇帝實錄	華文書局影印本	53.9.	三百卷
徐鼒	小腆紀年	中央研究院歷史語言研究所藏清光緒四年龍威閣書房刊本		二十卷

徐鼒	小腆紀傳	文海出版社據清同治刊本	57.7.	六五卷
黃宗羲	行朝錄	文海出版社	57.2.	六卷
陳衍	台灣通紀	台灣銀行經濟研究室	50.8.	二六〇頁
陳衍	福建通志列傳選	台灣銀行經濟研究室	53.5.	四〇八頁
陳倫炯	海國聞見錄	藝文印書館	54.	三一頁
陳康祺	郎潛紀聞	文海出版社近代中國史料叢刊第五十六輯據壬午重校本影印	62	十四卷
陳康祺	郎潛二聞	文海出版社近代中國史料叢刊第五十六輯據清光緒七年刊本影印	62	十六卷
陳康祺	郎潛三聞	文海出版社近代中國史料叢刊第五十六輯據壬藏札記影印	62	十二卷
黃道周	黃漳浦文選	國立中央圖書館台灣分館藏清道光六年福州陳氏刊本		五十卷
陳壽祺原纂 魏敬中續纂	重纂福建通志	華文書局據清同治七年正誼書局刊本影印	57.10.	二七八卷
彭孫貽	靖海志	台灣銀行經濟研究室據國立中央圖書館藏抄本	48.1.	四卷

溫睿臨	南疆野史	國立中央圖書館台灣分館藏清道光十年活字版	51.8.	三十卷
楊英	延平王戶官楊英從征實錄	台南文化五卷四期鄭成功史料專刊據國立中央研究院歷史語言研究所民國二十年五月刊本	46.5.	九四頁
鄭亦鄒等著	鄭成功傳	台灣銀行經濟研究室台灣文獻叢刊第六十七種	49.1.	一五六頁
劉良璧纂修	重修福建台灣府志	成文出版社據日本國會圖書館清乾隆七年刊本影印	72.3. 台一版	二十卷
謝金鑾 鄭兼才纂	續修台灣縣志	成文出版社據國立中央圖書館台灣分館藏清嘉慶十二年序薛氏原刻本影印	73.3. 台一版	八卷
鄭達	野史無文	台灣銀行經濟研究室台灣文獻叢刊第二〇九種	54.4.	二十卷
錢儀吉輯	碑傳集	文海出版社近代中國史料叢刊第九十三輯據清光緒十九年刊本	50.10.	一六〇卷
劉獻廷	廣陽雜記	世界書局據戴子高藏本葉鞠常以丁泳之之校之	51.	五卷
蔣鏞纂	澎湖續編	台灣銀行經濟研究室據國立中央圖書館台灣分館藏大正七年抄本	50.8.	一六〇頁

藍鼎元	鹿洲初集	文海出版社近代中國史料叢刊續編第四十一輯據清雍正年間刊本	66.4.	二十卷
羅振玉錄	聖祖仁皇帝起居注	文海出版社近代中國史料叢刊初編影印本	53.4.	二四四頁
懷蔭布修 黃任等纂	泉州府志	中央研究院歷史語言研究所藏清同治九年刊民國十七年重印本	53.10.	七六卷
(日本)市村讚次郎輯	鄭氏關係文書	國立中央圖書館台灣分館藏昭和七年水尾徹雄傳抄本		不分卷
缺名	清代官書記明台灣鄭氏亡事(原名平定海寇方略)	台灣銀行經濟研究室據中央研究院歷史語言研究所編民國十九年刊本印行	52.3.	四卷
缺名	思文大紀	台灣銀行經濟研究室台灣文獻叢刊第一一一種	50.6.	八卷

乙、民國時代

中研院史語所	明清史料	維新書局	63.3. 再版	
施學吉 施暫渡	臨濮堂施氏族譜	台光文化出版社	57.5.	一冊
施偉青	施琅評傳	福建厦門大學出版社	76.7.	二六一頁

郭廷以	台灣史事概說	正中書局	43. 3.	二四六頁
國防研究院清史編纂委員會	清史	成文出版社	60. 10.	五五〇卷
陳金仕	台灣灰磘港陳氏族譜	佳興印刷廠	61. 10. 28.	一冊
陳知青	澎湖史話	澎湖史話編纂委員會	61	二三六頁
陳澤	細說明鄭	台灣省文獻會	67. 6.	一五二頁
黃天健	海天孤憤	正中書局	39. 3.	二三七頁
黃典權	鄭成功史事研究	台灣商務印書館	64. 6.	一二五頁
黃典權輯	鄭成功史料專號	台南市文獻委員會	46. 5. 25.	二〇九頁
黃典權輯	台灣南部碑文集成	台灣銀行經濟研究室	55. 3.	七八四頁
盛清沂等	台灣史	台灣省文獻會	66. 4. 30.	一〇三四頁
盛清沂等	台灣省通志卷首下大事記	台灣省文獻會	57. 6. 30.	五一六頁
張菼	鄭成功紀事編年	台灣銀行經濟研究室	54. 4.	一五五頁
張菼	鄭經鄭克塽紀事	台灣銀行經濟研究室	55. 6.	一七四頁
連雅堂	台灣通史	台灣時代書局	再版 65. 9.	三六卷

福建通志局	福建通紀	大通書局	57.11. 影印	三一一卷
趙爾巽	清史稿	益漢書樓	66.4. 影印版	五三六卷
蔡相煇	台灣的王爺與媽祖	臺原出版社	78元月 初版	二二一頁
蘇同炳	台灣今古談	台灣商務印書館	58.1.	三二七頁

二、日文、英譯

作(編)者	書名	出版單位	出版時間(民國)	頁次
伊能嘉矩 井田麟鹿	台灣志	古亭書屋	62.3. 複刻	二九八頁
C. Imbauel-Huart 黎烈文譯	台灣島之歷史與地誌	台灣銀行經濟研究室	47.3.	一四八頁
Lames W. Davidson 蔡啓恒譯	台灣之過去與現在	台灣銀行經濟研究室	61.4.	二三八頁

貳、論文

一、中文

作者	篇名	出處	出版單位	出版時間（民國）	頁次
毛一波	明鄭之亡與施琅	台南文化七卷四期	台南市文獻會	52.9.30.	16～18
史民	施琅列傳補遺	南瀛文獻一卷三、四期	台南縣文獻會	42.12.30	31
台南縣文獻會編纂組	施侯租田園	南瀛文獻二卷一、二期	台南縣文獻會	43.9.20.	43
朱珊	再論施琅與鄭延平的恩怨	台南文化七卷二期	台南市文獻會	50.9.30.	44～49
朱維靜	施琅與鄭延平的恩怨	文史薈刊第一輯	台南市文史協會	48.6.25.	88～95
朱鋒	施琅在台受降時日及地點考	台南文化四卷一期	台南市文獻會	43.9.20.	35～36
吳蕤	談鄭氏叛將施琅	藝文誌十七期	國粹書報社	56.2.1.	22～25
李騰嶽	鄭成功的死因考	文獻專刊一卷三期	台灣省文獻會	39.8.27.	35～44
金成前	施琅黃梧降清對明鄭的影響	台灣文獻十七卷三期	台灣省文獻會	55.9.27	151～166

金成前	明鄭重要將領史事分析	台灣文獻廿四卷四期	台灣省文獻會	62.12.27.	67～85
和聲	明末降將施琅	暢流卅一卷七期	暢流半月刊	54.5.16.	9～10
林藜	施琅上疏保台灣	台灣新生報		67.8.14.～8.18.	
施溪潭	明鄭覆亡的關鍵人物——施琅	古今談十三期	古今談雜誌社	55.3.25	19～21
莊金德	鄭清和議始末	台灣文獻十二卷四期	台灣省文獻會	50.12.27.	1～39
陳少棠	台灣棄留與施琅上疏	台灣省通志館館刊一卷三號	台灣省通志館	37.12.25	3～4
張世賢	清代對於台灣海防地位的認識	台灣文獻廿七卷二期	台灣省文獻會	65.6.27.	206～210
黃典權	鄭成功擒治施郎事件種因考	台南市文獻委員會	台南市文獻會	47.9.25.	2～9
黃典權	認識鄭成功的幾個角度	中華日報		50.4.25.～4.26.	第四版
張菼	清代初期治台政策的檢討	台灣文獻廿一卷一期	台灣省文獻會	59.3.27.	19～44
張雄潮	鄭成功的稟賦與志業造就的因素	台灣文獻十三卷二期	台灣省文獻會	51.6.27.	13～18

張雄潮	鄭成功對將吏的統御才略	台灣文獻十四卷二期	台灣省文獻會	52.7.1.	52～61
黃玉齊	鄭克塽	台灣文獻十七卷三期	台灣省文獻會	55.9.27.	107～140
蕭鴻	虎精施琅	台灣日報		59.3.7.～3.9.	第八版
汪榮祖	施琅與台灣	國立中央圖書館館刊十八卷二期	中央圖書館	74.12.	151～163
商鴻逵	姚啓聖和施琅	中國歷史文獻研究集刊第一集	岳麓書社	1980.9.	204～205
王鋒全	鄭成功和施琅的評價	鄭成功論文選讀集	福建人民出版社	1984.10.	321～327
郭松義 何齡修	鄭成功和施琅	鄭成功論文選讀集	福建人民出版社	1984.10.	309～320

二、英譯

作（譯）者	篇名	出處	出版單位	出版時間（民國）	頁次
Abrecht Wirth 林秀楄譯	國姓爺	台灣風物五卷一期	台灣風物雜誌社	1955	1～5

C.E.S. 周學普譯	被遺誤之台灣	台灣經濟史三集	台灣銀行經濟研究室	45.5.	38～111
Ludwig Riess 周學普譯	台灣島史	台灣經濟史三集	台灣銀行經濟研究室	45.5.	1～37

從學術到通俗之路

——《施琅攻台的功與過》後記

筆者於民國六十八年自文化大學史學研究所畢業後，即從事教職，未幾，更忙於家務，一度幾於學術脫節，僅發表〈施琅與鄭、姚二人關係之剖析〉一文，並從事台灣光復後新修鄉鎮誌計量分析之工作。今夏得學長蔡相煇博士介紹，始識得臺原出版社總編輯劉還月先生，並在蔡學長的推薦下，欲出版筆者碩士論文〈施琅之研究〉，爲求完備，數度奔走圖書館，尋求近幾年來新發表的相關文章、資料、然所得有限，又顧及全書之通俗性，附註儘可能簡略。如此，經過月餘的整理、增刪，並易名爲《施琅攻台的功與過》，始成本書。

筆者就讀史研所期間，深受程筱溪老師指導提攜及曾迺碩老師熱心指點，於書成付梓之際，又蒙兩位恩師賜序，不勝感激，謹此致謝！另外，還得感謝中央圖書館台灣分館高志彬先生，對於查考善本書給予的協助。然成書倉促，疏漏難免，尙祈方家指正！

筆者於民國七十八年
國父誕辰紀念日前夕

宗教組織與秘密教派
映現的寬闊
信仰世界！

台灣的
宗教與
秘密教派

鄭志明／著　定價220元

不少人提到宗教就會聯想到迷信，對於民間信仰更是鄙視有加，認爲虔誠的信徒全都是村夫愚婦。但也許你我的父母親友，都在膜拜神明，我們豈能以迷信爲由，拒絕這份信仰的力量呢？

台灣的宗教種類繁多，台灣的廟宇無處不在，與台灣移民文化的背景習習相關。面對龐亂紛雜的泛神信仰；作者原只爲批判民間的宗教信仰，但眞正的接觸以後，才發覺民間不是迷信的賊窩，民衆更非盲目的愚夫，反而是一個秩序井然的世界。在中央行政方面有天廷、行政神、軍事神、司法神；在地方行政上有王爺、媽祖、城隍爺、還有歷年來新興的一貫道、齋教、無生老母信仰……。受到衆神保護的我們，更應該認識它們的面貌。讓作者帶領我們一同神遊衆神的領域吧！

時至今天，社會結構的改變以及現代人對精神生活的漠視，傳統的歲時節俗，彷彿就剩下電視上熱鬧喧囂的元宵花燈與端午賽會，少有人願意探究現今台灣歲時的眞貌以及對人民生活的影響。

年輕、狂熱的田野調查工作者劉還月，投注了三年的時間、情感與金錢，腳踏實地地挖掘出五百多項與台灣人息息相關的歲時節俗，每一項都是台灣人情感的凝結，更是現代人生活的指針。

渡台悲歌
——台灣的開拓與抗爭史話

黃榮洛／著　定價260元

自古以來，台灣在廣大中國人心目中就是個豐饒富裕的海上仙山，所謂「台灣錢，淹脚目」。但清嘉慶以後流傳的渡台悲歌，起首便是「勸君切莫過台灣，台灣恰似鬼門關；千個人去無人轉，知生知死都是難……」之間的差異何其大？其中隱含多少拓台的血淚與悲滄的故事？

鄉土史家黃榮洛受的是日本教育，憑著無比毅力與不怕苦的精神，挖掘出許多淹失在荒跡陌野間的故事，探究出無數被人漠視的傳說，他用心爲我們找出一件件悲慘無奈的故事，更用筆爲我們寫下一個個感人肺腑的傳奇！

身在台灣的人，怎能不讀「渡台悲歌」？

台灣信仰傳奇

黃文博／著　定價220元

熱愛民俗廟會的朋友，一定有許多機會接觸乩童、八家將、蜈蚣陣甚至電子琴花車，也看過迎媽祖、送王船的盛大場面，但多數人往往只抱著懷疑、甚至不屑的態度面對它，卻鮮少有人了解其中的奧妙與蘊含的精神。這不僅是喜歡台灣民俗人士的損失，更是常民文化最大的缺憾！

本書是作者繼「台灣風土傳奇」後的又一力作，在寬濶的風土民俗領域中，引導我們進入五營神兵、乞丐寮的世界，和我們一同參加豎燈篙和南北大刈香的熱鬧現場，更翔實解說八家將的組織以及電子琴花車裡販賣的色情文化……樣貌繁多，生動豐富，有心人士，不宜錯過。

作者從實際的田野調查出發，並從浩繁的文獻中，抽絲剝繭，以確切的證據，詳細剖析明鄭開台的信仰主體以及清領後的信仰興衰，確認王爺與媽祖正是明清兩代藉以抗爭的神祇，論點大膽，視野大開，不只極具學術價值，更是最動人的政權鬥爭史，處處懸宕，驚心動人。

台灣的客家人(三版)　陳運棟／著　定價200元

具有獨特，刻苦民族性的客家人，自清康熙年間起移民來台後，篳路藍縷，開荒闢地，將拓荒的血汗化爲一畦畦田園，將辛酸的歷程築成一棟棟房舍，逐步奠下基業後，也才有往後客家人的繁衍史。

任何一個開基立業的史蹟，都是無數血淚的凝結，這樣的故事，當然要溶入情感才動人；本書是作者繼「客家人」後，十年來情感的全部投入，不只完整地提出客家人的開拓歷史，更糾正許多人對客家人的錯誤觀念。

這樣的一本好書，您豈能錯過？

台灣原住民族的祭禮(再版)

明立國／著　定價190元

台灣的原住民族共分九族，每一族的分佈地點，生活方式都截然不同，每個族群更都保有傳統的古文明以及神秘的傳說、祭禮，其中尤以爲不同需要而舉辦的酬神歌舞最爲動人，每每都吸引無數好奇的中外觀光客。

從最普遍的阿美豐年祭、捕魚祭，到布農族的打耳祭、凱旋祭……每個不同的祭典，都有動人的歌舞與情節，作者窮十年的光陰，全力投注原住民族祭典的探訪與研究，報導眞切、深入淺出，可研究，更可做爲參觀原住民族祭典的指引！書末附有台灣原住民族重要祭典一覽表，方便參考利用。

台灣歲時小百科(再版)

劉還月／著　平裝620元，精裝（附書盒）750元

自台灣初拓以降，歲時節俗不僅是人民生活的重心，更是春耕、夏耘、秋收、冬藏的指令。人們循歲時而生活、工作，也在每個不同的節令中，流下耕種的汗水、享受豐收的歡愉！

●協和台灣叢刊12●

施琅攻台的功與過

著者／周雪玉

校　對／周雪玉、莫少閒、陳韻雁
發　行　人／林勃仲（經甫）
總　編　輯／劉還月
文字編輯／莫少閒
美術編輯／王重勝
出版發行／協和關係企業臺原出版社
地　　址／台北市松江路85巷5號（協和醫院地下室）
電　　話／(02)5072222
郵政劃撥／1264701～8
出版登記／局版臺業字第四三五六號
法律顧問／許森貴律師
地　　址／台北市長安西路246號4樓
印　　刷／承峰彩色印刷公司
電　　話／(02)5817409
總　經　銷／吳氏圖書公司
地　　址／台北市和平西路一段150號2樓之4
電　　話／(02)3034150
定　　價／新台幣一五〇元
第一版第一刷／中華民國七十九年二月

ISBN 957—9261—01—6